Preces Espíritas

Para todos os momentos

Cleuza M. Veneziani Costa
Silvana Veneziani Costa
Sonia Veneziani Costa

Preces Espíritas

Para todos os momentos

© 2021, Madras Editora Ltda.

Editor:
Wagner Veneziani Costa

Produção e Capa:
Equipe Técnica Madras

Revisão:
Maria Cristina Scomparini
Letícia Pieroni

Dados Internacionais de Catalogação na Publicação (CIP)
(Câmara Brasileira do Livro, SP, Brasil)

Costa, Cleuza M. Veneziani
Preces espíritas: para todos os momentos/Cleuza M. Veneziani Costa, Silvana Veneziani Costa, Sonia Veneziani Costa. -- 26. ed. --
São Paulo: Madras, 2021.
ISBN 978-85-370-0503-3

1. Espiritismo 2. Orações I. Título.
12-04773 CDD-133.9

Índices para catálogo sistemático:
1. Preces espíritas : Espiritismo 133.9

É proibida a reprodução total ou parcial desta obra, de qualquer forma ou por qualquer meio eletrônico, mecânico, inclusive por meio de processos xerográficos, incluindo ainda o uso da internet, sem a permissão expressa da Madras Editora, na pessoa de seu editor (Lei nº 9.610, de 19/02/1998).

Todos os direitos desta edição reservados pela

MADRAS EDITORA LTDA.
Rua Paulo Gonçalves, 88 – Santana
CEP: 02403-020 – São Paulo/SP
Caixa Postal: 12183 – CEP: 02013-970 – SP
Tel.: (11) 2281-5555 – Fax: (11) 2959-3090
www.madras.com.br

Dedicatória

A todos os seres iluminados, deste e de outros planetas.

Estabeleçamos uma constante sintonia com seres superiores, esperança, fé e proteção em benefício do planeta e seus habitantes.

Unidos poderemos conquistar a nossa vitória, cumprir o nosso papel nesta encarnação, libertar todos os seres que peregrinam por este mundo.

Cristo mora em nosso coração, está presente em nossa mente; basta abrir a porta com fé e Ele estará no santuário, onde habitará para sempre em ti, em mim, em nós.

Pedimos perdão a todos, aos nossos amigos e aos nossos inimigos.

Assim seja!

As autoras

Índice

Oração contra Espíritos Obsessores
    e Inimigos Invisíveis 14
Oração contra Maus Espíritos 14
Oração para Consagrar uma
    Casa de Deus..................................16
Oração de Daniel......................................18
Oração para Proteger de Todo
    e Qualquer Perigo............................18
Oração a São Vicente Mártir.....................19
Oração de São Cipriano para Proteger
    os Fiéis dos Enganos e Artifícios
    do Demônio...21
Oração contra Obsessões dos Maus Espíritos e
    Perseguições dos Demônios.................25
Oração por um Agonizante 30

Oração para Todos os Agonizantes no Momento
    em que é Rezada 33
Símbolo dos Apóstolos ou Credo
    do Concílio de Niceia.....................34
Oração contra Estiagens Prolongadas
    e para que Caiam Chuvas..................36
Oração contra o Mau-Olhado
    e o Quebranto 37
Saudação à Cruz (I)..........................38
Saudação Antiga à Cruz de Caravaca............39
Oração a São Cipriano 40
Responso de Santa Bárbara.....................42
Oração de São Marcos e São Manso..............43
Prece ao Criador..............................45
Prece de Cáritas..............................45
Prece Durante os Trabalhos....................47
Prece para Afastar os Maus Espíritos...........48
Prece para o Início das Reuniões 49
Prece para os Médiuns.........................51
Prece para os Espíritos Protetores.............52
Prece para os Anjos da Guarda 53
Ao Levantar ou Principiar
    os Trabalhos Diários (I)......................54

Ao Levantar ou Principiar
    os Trabalhos Diários (II) 55
Prece para o Momento de Repouso 56
Prece para Pedir Auxílio diante
    do Perigo Iminente 56
Prece para uma Pessoa que
    Acaba de Morrer 57
Prece por um Inimigo................................58
Prece para Pedir Forças a Fim de
    Resistir a uma Tentação.........................59
Prece por uma Vitória Obtida
    contra uma Tentação.............................59
Prece que Deve Ser Dita Antes de
    Começar Qualquer Empreendimento...60
Prece para Pedir um Conselho 61
Prece para as Aflições da Vida 61
Em Ação de Graças por um
    Favor Obtido..62
Prece em Ato de Submissão
    e Resignação (I) 63
Prece em Ato de Submissão
    e Resignação (II) 63
Prece ao Se Escapar
    de um Perigo 64

Prece de Ação de Graças
    Quando se Escapa de um Perigo 65
Prece para Pedir Correção por
    uma Falta Cometida 66
Prece por uma Pessoa Agonizante 68
Prece para Alguém que Acaba
    de Desencarnar.......................................69
Prece pelas Almas Sofredoras......................72
Prece pelas Pessoas que
    Nos São Afeiçoadas 73
Prece pelos Espíritos Arrependidos 74
Prece pelos que Sofrem................................76
Prece para os Médiuns Curadores................77
Prece para as Casas Mal-Assombradas........78
Prece para uma Pessoa Doente.....................79
Prece para o Fim da Reunião 79
Prece a Jesus Cristo......................................80
Prece à Virgem Maria...................................81
Prece a São Cipriano....................................82
Prece a São Jorge 83
Prece a São Sebastião...................................85
Prece a Nossa Senhora do Bom Parto..........86
Prece a Nossa Senhora de Fátima 87

Prece a São Casemiro.................................87
Antiga Prece de São Cristóvão 88
Prece para Santa Escolástica......................89
Prece Forte 90
Prece a Santa Terezinha..............................91
Prece a Santa Maria Madalena....................93
Prece a Santa Catarina da Suécia 94
Prece a Santa Clara de Assis 95
Prece a Santa Rita de Cássia 95
Prece a São Miguel Arcanjo.......................97
Prece a São Judas Tadeu.............................98
Prece a São Lucas 99
Prece a Santo Edmundo 100
Prece aos Santos Crispim e Crispiniano 100
Prece aos Santos Cosme a Damião 102
Prece a São Benedito 103
Prece a São Jerônimo 105
Prece a São João Batista (I) 106
Prece a São Jorge (Ogum)..........................107
Prece a Iemanjá..108
Prece a São Jerônimo (Xangô)...................108
Prece a Santo Antônio (Ogum) 109
Prece a São Roque e a São Lazaro..............110

Prece para Pedir o Desenvolvimento
    Espiritual 111
Oração para Tirar o Sol da Cabeça..............111
Oração para Curar a Erisipela 112
Prece para Entrar em Qualquer Lugar
    e Ser Atendido no que Se Pedir...........113
Prece a São Sebastião Mártir (Oxóssi) 113
Prece a São Bento 116
Prece a Nossa Senhora do Desterro 117
Prece à Mãe d'Água (Iemanjá) 117
Prece a Nosso Senhor do Bonfim................119
Prece a São João Batista (II) 119
Prece a Santa Luzia.....................................120
Oração do Santo Sepulcro de
    Nosso Senhor Jesus Cristo 121
Oração a Santa Catarina..............................125
Oração a Santo Onofre................................126
Ladainha de Santo Expedito 128
Oração a Santo Expedito.............................130
Responso contra Erisipelas 131
Oração a São Brás 132
Novena da Sandália de Santo Antônio........133
Grande Oração da Cruz de Caravaca 134

Saudação à Cruz (II) 138
Oração das Três Chaves de São Pedro 139
Oração pela Sagrada Coroa de Espinhos 141
Oração à Chaga do Ombro de Jesus 142
Oração a Nossa Senhora dos Remédios 143
Oração a Nossa Senhora da Guia 145
Oração a Nossa Senhora do
    Perpétuo Socorro 146
Oração a Santa Edwiges 147
Prece ao Espírito Santo 149
Novena Poderosa ao Menino
    Jesus de Praga 150
Prece a Bezerra de Menezes 151
Prece da Porta da Casa 152
Prece do Sr. Zé Pilintra 153
Benzimento e Prece 155
Oração das 13 Almas 156
Pai-Nosso Espírita 157
Oração a Joana d'Arc 158

Oração contra Espíritos Obsessores e Inimigos Invisíveis

Sinal da Cruz

Senhor meu Deus, Pai Eterno e Onipotente, graças Vos sejam dadas. Arrependido dos meus pecados, rogo o Vosso auxílio e peço-Vos que me livreis dos ataques dos espíritos maus, das perseguições dos meus inimigos, sejam eles visíveis ou invisíveis. Assim como rei Davi, eu clamo: "Julgai-me, Senhor, e separai minha causa daquela gente infiel. Sois meu Pai e meu Defensor. Concedei-me a graça de receber Vossa Luz e de Merecer Vossa proteção. Pelo Sagrado Sangue de Nosso Senhor Jesus Cristo. Assim Seja.

(Rezar um Creio em Deus Pai.)

Oração contra Maus Espíritos

Sinal da Cruz

Nosso Senhor Jesus Cristo, Filho de Deus Vivo, ouvi minha oração. O espírito de Jesus foi, é e será o vencedor de todos os meus inimigos, de todos os adversários dos que amam e creem em Jesus Cristo.

Creio em Deus Pai Todo-Poderoso, Criador do céu e da Terra e em Jesus Cristo, Seu único filho, Nosso Senhor, que foi concebido pelo poder do Espírito Santo; nasceu da Virgem Maria, padeceu sob Pôncio Pilatos, foi crucificado, morto e sepultado; desceu à mansão dos mortos; ressuscitou ao terceiro dia; subiu aos céus e está sentado ao lado direito de Deus Pai todo-poderoso, de onde há de vir a julgar os vivos e os mortos, Creio no Espírito Santo, na santa Igreja Católica, na comunhão dos santos, na remissão dos pecados, na ressurreição da carne, na vida do Espírito Eterno. Jesus Cristo reina. Jesus Cristo impera. Jesus Cristo governa por todos os séculos dos séculos. Assim Seja.

Se Satanás pretender me dominar por meio de bruxedos e feitiçarias, Nosso Senhor Jesus Cristo me defenderá e impedirá que eu seja dominado pelas insídias diabólicas.

Vai retro, Satanás!

Senhor Jesus Cristo, que no seio da Imaculada Conceição Vos encarnastes e Vos fizestes homem para a salvação da humanidade, suplico-Vos, Senhor, humildemente, Vossa proteção contra os maus espíritos, agentes de Satanás.

Pela Cruz do nosso Salvador da humanidade, ide para vosso reino de trevas, espíritos malignos, que tem policiais.

Pela Cruz de Nosso Senhor Jesus Cristo. Amém.

Oração para Consagrar uma Casa de Deus

Sinal da Cruz

Pai Eterno Onipotente, Misericordioso e Justo, ouvi a oração de um filho vosso, Senhor Jesus Cristo, Deus e Homem verdade, sede propício à súplica de um pecador arrependido Divino Espírito Santo, iluminai-me com um raio de vossa eterna sabedoria. Santa Maria mãe de Deus, advogada dos pecadores, lançai vosso olhar sobre mim, sobre minha família, sobre esta casa

São Miguel, príncipe das hostes celestiais, com o vosso gládio afugentai os demônios, maus espíritos, entidades malfeitoras do recinto desta casa.

Meu Deus, humildemente Vos dedico minha residência, rogando-Vos Vossa bênção sobre ela, a fim de que, livres de influências nefastas, possamos todos, eu, minha esposa (ou esposo), meus filhos, todas as pessoas de minha família, habitar este recinto em sossego, sob à Vossa proteção, guardados pelos anjos á sombra da Cruz de Nosso Senhor Jesus Cristo, sob o manto de Nossa Senhora, Maria Santíssima.

(Rezar um Creio em Deus Pai, um Pai-Nosso e uma Ave-Maria, com todas as janelas e portas abertas. Se a casa for velha ou tiver sido habitada por outros inquilinos, rezar a Oração ao Anjo da Guarda.)

Oração de Daniel

(Para agradecer a Deus
por uma graça alcançada)

A Ti, Senhor, pertence a justiça. Ó Deus, Tu Te lembraste de mim. Não desampares os que Te amam. Louvado seja o Senhor por todos os séculos, em sua glória, poder, majestade e misericórdia.

Para sempre seja louvado.

(Rezar um Pai-Nosso.)

Oração para Proteger de Todo e Qualquer Perigo

Senhor Deus Todo-Poderoso, Criador do Céu e da Terra, venho implorar Vossa proteção, apesar dos meus pecados, que me fazem desmerecer Vossa misericórdia.

Pai celestial, rogo-Vos, humildemente, que afasteis desse Vosso filho todos os perigos para meu corpo e para o meu espírito. Senhor Deus, protegei-me contra os ataques dos meus inimigos, das emboscadas, das traições e maldades dos que me querem mal, sejam homens ou mulheres.

Deus, Pai Misericordioso, afugentai de mim os espíritos das trevas, obsessores e malignos; afastai de mim a inveja, a maledicência, as intrigas, o ódio e as inimizades.

Concedei-me, Senhor, a paz, a tranquilidade, a segurança. E que se afastem os obstáculos, nos caminhos por onde eu andar.

Pelos Vossos Santíssimos Nomes: Iavé, El-Elohim, Sabaoth, Adonai, recebei a minha súplica, recebei a minha prece, que Vos dirijo humildemente.

(Rezar um Creio em Deus Pai.)

Oração a São Vicente Mártir
(Contra jogos e embriaguês)

Em nome do Pai, do Filho e do Espírito Santo.
Senhor Deus Onipotente e Misericordioso, louvores Vos sejam dados por todos os séculos. Assim seja.

Senhor meu, rogo-Vos, com inteira fé em Vossa Infinita misericórdia, sede propício à intercessão do bem-aventurado São Vicente Mártir em favor de Vosso filho.

Bem-aventurado São Vicente Mártir, que pelos méritos do Santíssimo Sangue de Nosso Senhor Jesus Cristo obtivestes o privilégio de afastar do mau caminho aqueles que se entregam aos vícios, peço-vos lançar o vosso bondoso olhar sobre (dizer o nome da pessoa), compadecendo-vos dos seus sofrimentos físicos e morais.

Que assim seja!
Louvado seja São Vicente Mártir.
Amém.
(Rezar uma Ave-Maria, um Pai-Nosso e um Creio em Deus Pai.)

Oração de São Cipriano para Preservar os Fiéis dos Enganos e Artifícios do Demônio

Ó Deus Onipotente e Eterno, por meio de Vossa serva Justina, com quem vou perder a vida temporal para alcançar a eterna, eu Vos peço humildemente perdão de todos os malefícios que cometi durante o tempo em que meu espírito esteve preocupado com o dragão infernal. Em pagamento do sacrifício da minha vida, suplico-Vos que minhas preces sejam ouvidas a favor de todos aqueles de bom coração. Suplico-Vos a saúde de seu corpo e alma, recordando-Vos, Senhor, que com uma só palavra tirastes o maligno espírito daquele santo varão que nos fala na Escritura; que ressuscitastes Lázaro, morto havia três dias; que devolvestes a vista ao Santo Tobias, cego por instigação de Satanás; que sois soberano Dominador de vivos e mortos.

Compadecei-Vos, Senhor, de todos aqueles que sabeis serem Vossos por sua fé, esperança e boas obras e Vos suplico que, aqueles que estejam ligados com feitiços, bruxarias ou possuídos do espírito maligno, os desateis para que possam, com toda liberdade, Vos servir com santas e boas obras, e que os desenfeiticeis para que possam usar de seu arbítrio em vosso serviço, que os desembucheis para que lobo raivoso não possa dizer que tem domínio sobre alguma ovelha de Vosso rebanho, comprada à custa de Vosso Valiosíssimo sangue derramado no monte do Gólgota; livrai-nos, Senhor Todo-Poderoso, do anjo rebelde, para que, já livres do inimigo comum, Vos louvemos, bendigamos, adoremos, exaltemos, santifiquemos e confessemos a Vós, ao Pai e ao Espírito Santo, com todo o coro de Anjos, Patriarcas, Profetas, Santos, Santas, Virgens, Mártires, Confessores de Vossa Santa Glória; eu Vos suplico, Senhor, que em nome de Santa Justina preserveis o Vosso servidor (dizer o nome da pessoa), de todos os malefícios, as perfídias, os enganos e os ardis de Lúcifer, e de perseguir Vosso Santo nome que para sempre louvado seja; preservai a vista, o pensamento, as obras, os filhos, os bens, os animais, as semeadoras, as árvores comestíveis e as bebidas, não permitindo que Vosso servidor sofra nenhuma investida do demônio; antes, iluminai-o, dando-lhe a vista conveniente para ver e observar Vossas maravilhosas obras da Natureza; retificai meu entendimento para que possa contemplar Vossos favores e dirigir os negócios a um bom fim; desatai minha língua para cantar os louvores de Deus, que tudo criou do nada. Se tenho preguiça nas ações, dignai-Vos fazer que a preguiça de mim fuja, para poder me empregar em ações de Vosso agrado; se má direção houver nos bens, filhos e demais dependentes deste Vosso servidor, suplico-Vos, Senhor, que troqueis em boa direção para empregá-la em todo o Vosso santo serviço; e, finalmente, aceitai, ouvi e concedei-me o que Vos vou pedir em paga do sacrifício que fizeram de suas vidas Vossos mártires Cipriano e Justina, com as seguintes preces:

> Senhor, apiedai-Vos de mim.
> Jesus Cristo, apiedai-Vos de mim.
> Senhor, ouvi-me.
> Deus Pai que estais no Céu;
> Deus filho, redentor do mundo;

Deus Espírito Santo, apiedai-Vos de mim.

São Sebastião, São Cosme e São Damião, São Roque, Santa Lúcia e São Lourenço, rogai por mim.

Todos os Santos, Apóstolos, Evangelistas e Discípulos do Senhor, rogai por mim.

Todos os Santos, Sacerdotes, Levitas, Religiosos, Virgens, Viúvas, Santos e Santas, intercedei por mim.

De todo mal, livrai-me Senhor.

De todo pecado, livrai-me Senhor.

De Vossa ira, livrai-me Senhor

De morte repentina, livrai-me Senhor.

De relâmpagos, trovões e tempestades, livrai-me Senhor.

De terremotos, livrai-me Senhor.

Anjos do Céu, ouvi-me.

Sem Vós meu coração perde toda sua força. Fiquem cheios de confusão os que tentam contra minha vida espiritual.

– Eia, eia! – vão eles gritando. – Logo cairás em nossos laços; seguiremos os teus passos e acabarás caindo.

Mas os que amais, Senhor, vos honram dia e noite, por isso invocam o seu Libertador.

Deus clemente, Vós conheceis minha miséria, minha pobreza e minha fraqueza; não me negues Vosso auxílio.

Sede, Senhor, meu defensor na perseguição de meus inimigos.

Que esses inimigos sejam confundidos e afastados.

Ó senhor, tende piedade de nós. Imploramos misericórdia e perdão.

Oração contra Obsessões dos Maus Espíritos e Perseguições de Demônios

Senhor meu Jesus Cristo, Deus feito homem, que padecestes pelos nossos pecados e expirastes na cruz; que subistes ao Céu e estais sentado à mão direita de Deus Pai Todo-Poderoso. Pelo Vosso Nome Santíssimo, que ao ser pronunciado faz se ajoelharem os anjos no Céu e os Demônios no Inferno, suplico-Vos ouvirdes as orações dos Vossos fiéis. Rogo-Vos, Senhor meu Jesus Cristo, Vos digneis de proteger este Vosso servo (dizer o nome da pessoa), pelo Vosso Santíssimo nome, pelo merecimento de Vossa Mãe, a Santíssima Virgem Nossa Senhora, pelas orações de todos os mártires, que derramaram o seu sangue por Vós, pelo mérito de todos os atos de fé, da esperança e da verdade. Rogo-Vos, Senhor Deus Jesus Cristo, livrai (dizer o nome da pessoa) de todos os ataques e malefícios por parte dos demônios, dos maus espíritos, de todas as entidades malfeitoras. Assim Seja.

(Rezar um Creio em Deus Pai.)

Colocar a mão direita nos pés de um crucifixo e continuar:

Eis a Cruz de Nosso Senhor Jesus Cristo, que nos garante a salvação e a vida eterna; a Santa Cruz que derrota todas as hostes infernais e abate todos os demônios e espíritos maus. Fugi, afastai-vos daqui, habitantes das trevas, demônios, ferozes inimigos do gênero humano. Espíritos diabólicos, opostos aos desígnios do Altíssimo Senhor Deus

Sabaoth, do Seu filho, Nosso Senhor Jesus Cristo, do Divino Espírito Santo e da Mãe Santíssima, presentes ou ausentes, próximos ou longínquos, deixem em paz esta criatura. Ide para o vosso reino de trevas e de dor, cessai de incomodar este servo de Deus. Retirai-vos, qualquer que tenha sido a força que vos trouxe aqui – conjuração, ameaça, intimação.

Deus Pai Eterno, Nosso Senhor Jesus Cristo, o Divino Espírito Santo, a Virgem Maria, Mãe de Deus, todas as hierarquias celestiais e iluminadas, sob o comando de Arcanjo São Miguel, que vos precipitou nos infernos, assim ordenam. Em nome de Deus, ide-vos, espíritos infernais, deixai em paz.

Ordena-vos Deus que vos afasteis e que, de hoje em diante, não volteis a fazer mal a este servo de Deus (dizer o nome da pessoa) por um motivo, respeitando o seu corpo, que é o templo do divino Espírito e de sua alma, feita pelo pai à sua imagem e semelhança. Não voltareis, nem de noite nem de dia, a atormentar, nem acordado nem dormindo.

Em nome de Deus, esconjuro Demônios infelizes, espírito do ar, das águas, da terra e do fogo; e, se não obedecerdes a esse esconjuro, feito em nome de Deus, à sombra da Cruz de Nosso Senhor Jesus Cristo, mais profunda será a vossa queda nos abismos do inferno.

Se trazeis mal de feitiçaria, bruxaria e estais agindo porque fostes invocado por alguém, esse mal será destruído pela força de Deus, invencível, Deus que foi, é e sempre será por todos nós!

Pelo puríssimo sangue de Nosso Senhor Jesus Cristo, derramado na Santa Cruz, seja afastado todo mal de (dizer o nome da pessoa); afastem-se para sempre todos os seres infernais, todos os demônios, todas as entidades das trevas.

Pelos sofrimentos e lágrimas de Maria Virgem e mãe de Deus, seja (dizer o nome de pessoa) protegido sob o seu sagrado manto.

Desapareçam todos os demônios, os espíritos malignos, os obsessores. Regressem aos infernos todos esses malditos; afastem-se de (dizer o nome da pessoa), que está sob a proteção do Santíssimo Sangue de Nosso Senhor Jesus Cristo.

Pela virtude e poder de Jesus Cristo, que se encarnou e se fez homem para salvar a humanidade, sofrendo na Cruz, retirem-se todos os demônios, espíritos obsessores. Em nome de Jesus Cristo e do Arcanjo São Miguel, sejam vencidos e destruídos. Desaparecei daqui, potências das trevas, enviados.

São Miguel Arcanjo, protegei-nos.

São Miguel Arcanjo, defendei-nos.

São Miguel Arcanjo, afastai de (nome da pessoa) os espíritos malignos.

Repetir três vezes:

Ó Maria, concebida sem pecado, rogai por nós.

(Este exorcismo deve ser feito diante de um crucifixo, e com outro embaixo dos pés, com 12 velas acesas em volta. Todos os presentes devem estar de joelhos.)

Oração por um Agonizante

Sinal da Cruz

Senhor meu Jesus Cristo, que fostes traído por 30 moedas, recebei o Vosso servo, na mansão celeste.

Assim seja.

Senhor meu Jesus Cristo, que fostes açoitado, escarnecido e coroado de espinhos, assim como poupastes o patriarca Enoch e o profeta Elias da morte a que estão sujeitos os homens, assim livrai a alma do Vosso servo.

Assim seja.

Senhor meu Jesus Cristo, que fostes pregado na Cruz e derramastes Vosso Santíssimo sangue pela nossa Salvação, livrai a alma de Vosso servo

Assim seja.

Eterno Pai, eu Vos encomendo a alma de (dizer o nome da pessoa) para Vos louvar por todos os séculos dos séculos

Assim seja.

Pela Vossa infinita misericórdia, perdoai nossos pecados.

Assim seja.

Pela Vossa santa justiça, concedei-nos a remissão de nossas faltas.

Assim seja.

Pelo Vosso infinito amor, recebei (dizer o nome da pessoa) em Vossa morada.

Proteja a alma de (dizer o nome da pessoa), Arcanjo Miguel. Venham levá-la para a bem-aventurança celeste. Receba-o no céu, ó Apostolo São Pedro.

Assim seja.

Acompanhem a alma de (dizer o nome da pessoa), São Paulo, São João, Santo André e São Tomé, e por ela intercedam os Santos Mártires.

Desdobre-se sobre a alma de (dizer o nome da pessoa) o manto de Maria Santíssima, Mãe de Deus, Mãe dos homens, Advogada dos pecadores.

Assim seja.

Recebei-o, Senhor, para toda a eternidade
Assim seja.

Rezar em seguida, em intenção do moribundo, o seguinte ato de contrição:

Eu, pecador, confesso a Deus Todo-Poderoso, à bem-aventurada Santa Virgem Maria, ao bem-aventurado São João Batista, aos santos apóstolos São Pedro e São Paulo, a todos os santos, que pequei muitas vezes por pensamentos, palavras, atos e omissões, por minha culpa, por minha grandíssima culpa.

Rogo, pois, à bem-aventurada sempre Virgem Maria, ao bem-aventurado São Miguel Arcanjo, ao bem-aventurado São João Batista, aos santos apóstolos São Pedro e São Paulo, a todos os santos, que roguem por mim a Deus Nosso Senhor.

Assim Seja.

Ó Senhor Deus onipotente se compadeça de vós, e pelos méritos do sangue de Nosso Senhor Jesus Cristo vos sejam perdoados os pecados para que tenhais entrada no reino dos céus.

Assim seja.

Oração para Todos os Agonizantes no Momento em que é Rezada

Ide-vos deste mundo, almas cristãs, em nome do Pai Eterno que vos criou. Em nome de Jesus Cristo, Filho de Deus vivo, que por vós morreu crucificado. Em nome do Divino Espírito Santo, que derramou suas graças sobre vós. Em nome dos Arcanjos, dos Tronos e Dominações, dos Principados e Potestades, dos Querubins e Serafins, dos patriarcas e profetas, dos Apóstolos e dos Evangelistas, dos Mártires e das Virgens, de todos os Santos, que vos sejam abertas as portas do paraíso celeste.

Deus de clemência, de piedade e de misericórdia, que concedeis o perdão aos pecadores arrependidos e os purificais dos seus erros, lançai os Vossos olhos compassivos sobre as almas que neste momento se despedem dos seus corpos mortais. Enviai os Anjos em defesa das almas, neste momento supremo.

Recebei, Senhor, os Vossos servos e servas na mansão celestial, no lugar de salvação, pois todos e todas confiam em Vossa Misericórdia.

(Rezar um Creio em Deus Pai, o Ato de Contrição da oração anterior e um Salve Rainha.)

Símbolo dos Apóstolos ou Credo do Concílio de Niceia

Sinal da Cruz

Creio em um só Deus, Pai Onipotente, Criador do Céu e da Terra, de todas as coisas visíveis e invisíveis; e em um só Jesus Cristo, Senhor Nosso, Filho de Deus unigênito e nascido do Pai, antes de todos os séculos; Deus de Deus, Luz de Luz, Deus Verdadeiro; gerado, não feito, da mesma substância com o Pai, e pelo qual foram feitas todas as coisas; o qual, por nós homens e pela nossa salvação, desceu dos céus; e encarnou, por obra do Espírito Santo, em Maria Virgem, e foi feito homem; foi crucificado por nós sob Pôncio Pilatos; padeceu, morreu e foi sepultado. E ressuscitou ao terceiro dia, segundo as Escrituras; e subiu ao Céu, onde está Sentado à direita do Pai, de onde há de vir pela segunda vez a julgar os vivos e os mortos. E seu reino não terá fim.

Creio no Espírito Santo, que também é Senhor, e dá vida, e procede do Pai e do Filho, com os quais é juntamente adorado e glorificado, e que é Una, Santa, Católica e Apostólica.

Creio no Batismo para remissão dos pecados. E espero a Ressurreição dos mortos e vida do futuro século.

Este é o Credo integral, recitado pelo oficiante da missa. Sendo rezado devagar, com fé, este credo afugenta demônios, maus espíritos e tranquiliza a alma.

(Rezar em seguida um Pai-Nosso, uma Ave-Maria e uma Salve-Rainha.)

Oração contra Estiagens Prolongadas e para que Caiam Chuvas

Sinal da Cruz

Senhor Deus Misericordioso, jamais desamparastes o Vosso povo. No deserto, concedestes o maná caído do céu e mostrastes o Vosso infinito poder, fazendo com que Moisés abrisse em um rochedo uma fonte de água.

Nós clamamos, Senhor, e Vos suplicamos o perdão das nossas faltas. "Perdoai, Senhor, perdoai o Vosso povo", assim Vos rogou o rei Davi. Protegei-nos, Senhor Deus, e poupai-vos. Vós que sois o eterno Senhor do Céu e da Terra, consenti em favorecer-nos com a cessação desta estiagem. Tudo criastes com o Vosso Poder, tudo mantendes com a Vossa Providência: água, terras, árvores, flores e todas as criaturas viventes. Nós vos rogamos, com o perdão dos nossos pecados, a graça da chuva fertilizante.

Para ajudar-nos, apressai-vos, Senhor.
Louvado seja Deus para todo o sempre.
Assim seja.
(Rezar um Creio em Deus Pai, um Pai-Nosso e uma Ave-Maria.)

Oração contra o Mau-Olhado e Quebranto

Sinal da Cruz

Deus, atendei ao meu pedido, vinde em meu socorro, vinde ajudar-me. Confundidos sejam e envergonhados os que buscam a minha alma. (Sinal da Cruz)

Voltem atrás e sejam envergonhados os que me desejam males. Voltem-se logo cheios de confusão os que me disseram: "Bem-Bem"(Sinal da Cruz).

Mas eu sou pobre e necessitado, Senhor Deus, Socorrei-me.

(Sinal da Cruz)

Vós sois o meu favorecedor e o meu libertador, Senhor Deus, não Vos demoreis. Glória ao Pai, à Mãe, ao Filho e ao Espírito Santo.

Oremos

Glorioso São Sebastião e São Jorge, São Lázaro e São Roque, São Benedito, São Cosme e São Damião, todos Vós, bem-aventurados santos dos céu, que curais e aliviais os enfermos, intercedei junto ao Senhor Deus pelo seu servo (dizer o nome da pessoa).

Vinde, gloriosos santos, em seu auxílio.

Fechem-se os olhos malignos, endureçam as bocas maldosas, fujam os maus pensamentos e desejos.

Por esta Cruz será (dizer o nome da pessoa) defendido.

Por esta Cruz (dizer o nome da pessoa) estará livre.

Por esta Cruz será (dizer o nome da pessoa) curado.

(Fazer três cruzes com o crucifixo.)
Louvado seja Nosso Senhor Jesus Cristo.
Para sempre seja louvado.
(Rezar um Pai-Nosso e três Ave-Marias.)

Saudação à Cruz (I)

Ave, Cruz Sagrada, Esperança Única, Bendito Lenho em que Padeceu Nosso Senhor Jesus Cristo, para a nossa salvação.

Assim seja.

Observação:

Rezar esta oração diante de um crucifixo com duas velas acessas. Ela pode ser recitada a qualquer hora do dia ou da noite.

(Rezar um Pai-Nosso e uma Ave-Maria.)

Saudação Antiga à Cruz de Caravaca

Salve, Santo Lenho, que pela vontade de Deus os anjos trouxeram da cidade de Jerusalém.

Salve, Verdadeiro Corpo de Deus, que, realmente, sofreu na Cruz e foi imolado por nós.

Salve, Senhor Jesus, vigiai-me para que eu cuide de minha alma e, livre das insídias do diabo, mereça viver feliz pelo mérito do Vosso Sangue.

Concedei-me que eu viva em paz, e suplicamente rogo-Vos o perdão dos meus pecados agora e na hora da morte.

Assim seja.

(Rezar um Pai-Nosso e uma Ave-Maria.)

Oração a São Cipriano

(Contra feitiçarias, bruxarias, malefícios e práticas diabólicas)

Sinal da Cruz

Assim falou o Senhor Deus ao rei Davi: "Guardai vossa língua do mal e vossos lábios da mentira. Desviai-nos do mal e fazei o bem, buscai a paz e segui-a. Os olhos do Senhor estão sobre os justos; e seus ouvidos, atentos aos clamores".
Bem-Aventurado São Cipriano, a graça de Nosso Senhor Jesus Cristo tocou o vosso coração, afastando-vos da estrada da perdição e conduzindo-vos pelo caminho da prática da caridade e da virtude, que leva à salvação eterna. Iluminado pelo Espírito Santo, a vossa ciência profana transformou-se em divina.

A graça de Deus manteve-se convosco, bem-aventurado São Cipriano, e assim, conhecedor das artes do demônio, viestes a possuir as virtudes que anulam os malefícios, com as quais defendeis os servos de Deus. Confiando, portanto, em vossa sabedoria e bondade, venho implorar a vossa proteção contra quaisquer malefícios, bruxaria, invocações, que os magos, feiticeiros ou feiticeiras, bruxos e bruxas, homens ou mulheres, em qualquer lugar e em qualquer hora do dia ou da noite, possam experimentar para causar-me mal, em minha pessoa, em meus parentes ou em meus bens.

Guardai-me, bem-aventurado São Cipriano, das investidas de Satanás, dos seus agentes, invisíveis ou visíveis. Vigiai minha casa, protegei a mim e a toda a minha família. Inspirai-me bons sentimentos e puros pensamentos, afastando-me dos falsos amigos e dos inimigos desconhecidos ou conhecidos.

Bem-Aventurado São Cipriano, assim como fostes beneficiado com a misericórdia divina, assim eu vos peço, sinceramente, influir em meu coração para que eu reconheça a vontade de Deus e não me afaste dos seus mandamentos; intercedei junto ao Nosso Senhor Jesus Cristo para que eu mereça a vossa proteção, resguardando de influências nefastas, e possa em paz honrar e amar a Deus que está nos Céus.

São Cipriano, zelai por mim.
São Cipriano, defendei-me.
São Cipriano, orai por mim.
Assim seja.

(Rezar um Creio em Deus Pai.)

Responso de Santa Bárbara
(Contra trovoadas, raios e trovões)

Sinal da Cruz

Santa Bárbara gentil,
Sois esposa do Senhor,
Acalmai Tormentas em mim,
Seja quando e onde for.

Por amardes a Jesus,
vosso Pai vos maltratou,
Mas, pelo poder da Cruz,
Para sempre se calou.

As fúrias da natureza,
Os raios, ventos, trovões,
Vós dominais com firmeza
Dando paz aos corações.

Santa Bárbara, bem-aventurada.
Fazei cessar as trovoadas.

Oremos

Nós Vos rogamos, Senhor, que, pela intercessão da Virgem Mártir Santa Bárbara, mereçamos a graça de estarmos em paz em nossa casa, vivendo na observância da Vossa Santa Lei.

Assim seja.

(Rezar um Pai-Nosso e uma Ave-Maria.)

Oração de São Marcos e São Manso
(Para nos livrar de todos os malefícios)

São Marcos me marque e São Manso me amanse.

Jesus Cristo me abrande o coração e me aparte do sangue mau; a hóstia consagrada entre em mim; se os meus amigos tiverem mau coração, não tenham cólera contra mim; assim como São Marcos e São Manso foram ao monte e nele havia touros bravos e mansos cordeiros e os fizeram presos e pacíficos nas moradas de suas casas, debaixo do meu pé esquerdo, assim como as palavras de São Manso e São Marcos são certas, eu repito:

"Filho, pede o que quiseres, que serás servido, e, na casa em que eu pousar, se tiver cão-fila, retire-se do caminho, que coisa nenhuma se mova contra mim, nem vivos nem mortos; e, batendo na porta com a mão esquerda, desejo que imediatamente me abra".

Jesus Cristo, Senhor Nosso, desceu da Cruz. Assim como Pilatos, Herodes, Caifás foram os algozes de Cristo, e ele consentiu todas essas tiranias; assim como o próprio Jesus Cristo, que estava no horto fazendo a sua oração, virou-se, viu-se cercado de seus inimigos e disse "Sursum corda", e caíram todos ao chão até que ele acabasse a sua santa oração; assim como as palavras de Jesus Cristo, de São Marcos e São Manso abrandaram o coração de todos os homens de mau espírito dos animais ferozes e de tudo que a eles quis se opor, tanto os vivos quanto os mortos, tanto na alma como no corpo, e dos maus espíritos, tanto visíveis quanto invisíveis; assim, não serei perseguido pela Justiça nem pelos meus inimigos que me quiserem causar dano, tanto no corpo como na alma.

Viverei sempre sossegado na minha casa; pelos caminhos e lugares por onde transitar, vivente de qualidade alguma me possa estorvar, antes todos me prestem auxílio naquilo de que eu necessitar.

Prece ao Criador

Meu Deus, permiti que os bons espíritos me assistam, auxiliem-me nas aflições da vida e tirem-me da dúvida.

Fazei, Senhor, que, por Vossa Misericórdia, eles me inspirem a fé, o amor e a caridade; que sejam para mim um apoio, uma esperança e uma prova da Vossa paternal solicitude.

Permiti, enfim, que eu encontre sempre junto deles salutares confortos e a necessária luz para que as forças não faltem nas provas da vida e, resistindo às sugestões do mal, meus passos se afirmem na prática do bem e da caridade, e assim eu possa e saiba amar-Vos e ao próximo como a mim mesmo.

Assim seja.

Prece de Cáritas

Deus, nosso Pai, que tendes poder e bondade, daí força àquele que passa pela provação, dai luz àquele que procura a verdade, ponde no coração do homem a compaixão e a caridade.

Pai! Dai o valor à estrela-guia; ao aflito.

Pai! Dai ao culpado o arrependimento, dai ao espírito a verdade, dai à criança o guia, dai ao órfão o pai.

Senhor! Que a Vossa bondade se estenda sobre tudo o que criastes.

Piedade, meu Deus, para aquele que não Vos conhece, esperança para aquele que sofre.

Que a Vossa bondade permita hoje aos espíritos consoladores derramarem por toda a parte a paz, a esperança e a fé.

Deus! Um raio, uma faísca do Vosso amor pode abrasar a Terra; deixai-nos beber na fonte dessa bondade fecunda e infinita, e todas as lágrimas secarão, todas as dores se acalmarão. Um só coração, um só pensamento subirá até Vós com um grito e reconhecimento e Amor.

Como Moisés sobe a montanha, nós vós esperamos com braços abertos, Ó poder, ó bondade, ó beleza, ó perfeição! E queremos de alguma sorte alcançar Vossa Misericórdia.

Prece Durante os Trabalhos

Ave Maria, cheia de graça, implorai ao Pai de Misericórdia a luz para guiar os irmãos que aqui presentes praticam a caridade; pedi para eles a graça de saber se conduzir por tão sublime estrada; afastai de seus corações os maus sentimentos de orgulho, vaidade e outros que possam prejudicá-los.

Mãe dos pecadores, rogai a Deus por vossos filhos; auxiliai os que procuram a verdade e querem alcançar a Glória de Deus; sede benigna para com aqueles que possam sucumbir às tentações do mal.

Meus irmãos, praticai sempre a caridade com amor, devotamento e todo desinteresse: praticai-a com todos que de vós se acerquem, sede benévolos mesmo com aqueles que vos querem mal.

O verdadeiro espírita não tem inimigos; todos somos irmãos e, por esse motivo, nunca deveis negar a caridade para quem quer que seja. Não vos afasteis desse caminho em que vos achais pelas graças do bom Pai, pois ireis alcançando sempre luzes e sereis felizes.

Prece para Afastar os Maus Espíritos

Em nome do Deus Onipotente, que se afastem de mim os maus espíritos e que os bons me sirvam de escudo contra eles!

Espíritos malfazejos, que aos homens inspirais maus pensamentos; espíritos embusteiros e mentirosos, que mofais da credulidade deles, eu vos repilo com todas as forças de minha alma e fecho os ouvidos às vossas sugestões, mas suplico para vós a misericórdia de Deus.

Bons espíritos que vos dignais me assistir, dai-me forças para resistir à influência dos maus espíritos, e as luzes necessárias para não ser a vítima de seus embustes. Preservai-me do orgulho e da preocupação; isentai o meu coração do ciúme, do ódio, da malevolência e de qualquer sentimento contrário à caridade, que são outras tantas portas abertas ao espírito do mal.

Prece para o Início das Reuniões

Senhor Deus Todo-Poderoso! Enviai-nos bons espíritos para que, pela sua luz e assistência, possamos distinguir a verdade da impostura e nos conduzir pela estrada do bem.

Afastai de nós os maus espíritos, encarnados ou desencarnados, que induzem os homens ao erro e podem lançar a desunião entre os que só querem a paz e o bem geral. Permiti que eles não possam desviá-los da caridade e do amor ao próximo, e que jamais achem acesso em nossos corações.

E vós, ó bons espíritos a quem está confiada a missão de guiar e instruir os homens, fazei com que sejamos dóceis aos vossos conselhos; desviai de nós os pensamentos de ódio, egoísmo, inveja, orgulho e ciúme; inspirai-nos benevolência e caridade para com todos nossos irmãos, presentes e ausentes, amigos e inimigos; fazei com que, pela fraternidade, igualdade, humildade, caridade e amor, possamos depurar os nossos sentimentos e reconhecer a vossa salutar influência.

Incuti na consciência dos médiuns encarregados de transmitir os vossos ensinamentos a compreensão da santidade do mandato que lhes é confiado e da serenidade, seriedade e gravidade do ato que desempenham, a fim de que eles possam exercer sua missão com o necessário recolhimento e fervor.

Se algum irmão tiver sido atraído aqui por desejos e sentimentos opostos ao bem, fazei luz à sua razão e perdoai-lhe, pois nós lhe perdoaremos também quaisquer malévolas intenções.

Em especial, pedimos ao espírito de (dizer o nome da pessoa), nosso guia espiritual, e aos espíritos familiares e protetores que nos assistam e por nós velem.

Prece para os Médiuns

Deus Todo-Poderoso, permiti os bons espíritos na comunicação que solicito. Preservai-me da presunção de crer-me ao abrigo dos maus espíritos; do orgulho ou da vaidade que me cegaria, iludindo-me quanto ao valor das comunicações que obtenha; de todo e qualquer sentimento contrário ao espírito da caridade para com todos os meus irmãos, e especialmente para com todos os médiuns.

Se eu for induzido ao erro, inspirai a outrem o pensamento de me avisar e a mim, a humanidade para aceitar com reconhecimento a advertência e tomar para mim mesmo os conselhos e as instruções que me ditarem os Vossos espíritos.

Permiti que eu nunca seja levado a abusar ou, de qualquer modo, a envaidecer-me com a faculdade que, para meu benefício, fizestes a graça de me conceder; antes eu vo-lo peço, meu Pai, retirai-a do que consintais que seja desviada do seu fim providencial, que é o bem de todos e o meu próprio adiantamento moral.

Prece para os Espíritos Protetores

Espíritos sábios e benevolentes, mensageiros de Deus que exerceis a sublime missão de assistir os encarnados e ensinar-lhes o caminho do progresso que é o bem e a verdade, sustentai-me nas provocações desta vida; auxiliai-me a cumprir os desígnios da Justiça de Deus e a purificar os meus pensamentos, para que eu não dê acesso aos espíritos que, por seu atraso, permanecem na maldade e induzem os homens ao mal.

Iluminai a minha consciência, a fim de conhecer as minhas faltas, e afastai dos meus olhos o véu do orgulho e da vaidade que impediria de percebê-las e confessá-las a mim mesmo.

Espíritos que vos interessais por mim, e sobretudo, vós, meu anjo da guarda, que mais particularmente por mim velais, fazei com que eu seja digno de vossa benevolência. Conhecedores, como sois, das minhas necessidades, auxiliai-me, eu vos rogo, para que elas possam ser satisfeitas segundo a vontade de Deus.

Prece para os Anjos da Guarda

Espíritos amantíssimos, anjos guardiões, aos quais Deus, em sua misericórdia infinita, permite velarem pela pobre humanidade, sede meus protetores nas provas desta vida.

Dai-me força, coragem, resignação; inspirai-me fé, caridade, amor e tudo o que é bom, detendo-me no declive do mal.

Consenti que a doce influência do vosso saber e das vossas virtudes penetre em minha alma, alente e esclareça o meu ser; fazei com que eu possa sentir em cada um de vós um amigo desvelado e caridoso que, ao meu lado, compreenda os meus sofrimentos e participe das minhas alegrias. E vós (dizer o nome da pessoa), que considero meu particular protetor, inspirai-me a fé que salva, o amor que consola, a caridade que vivifica, para que eu possa suportar, com paciência e reconhecimento, as provas que aprouver a Deus enviar-me e, por elas, saber descortinar o meu passado e esforçar-me por conquistar um futuro melhor.

Ao Levantar ou Principiar os Trabalhos Diários (I)

Meu Deus, Vós que sois grande, que sois tudo, deixai cair sobre mim, que não existo senão por Vossa vontade, um raio da divina luz. Fazei que, penetrado no Vosso amor, me seja fácil praticar o bem e que eu tenha aversão ao mal; que animado pelo desejo de vos agradar, meu espírito vença os obstáculos que se opõem à vitória da verdade sobre o erro, da fraternidade sobre o egoísmo; fazei que em cada companheiro de provocações eu veja um irmão, assim como de Vós emanam e para Vós devem voltar.

Dai-me o amor ao trabalho, que é o dever de todos sobre a Terra e, com auxílio do archote que colocastes ao meu alcance, esclarecei-me sobre as imperfeições que retardam meu adiantamento nesta e na vindoura vida.

Ao levantar ou Principiar os Trabalhos Diários (II)

Meu Deus, Pai Amantíssimo! Dai-me forças e luz para bem utilizar a presente existência que a Vossa bondade me concedeu para progresso do meu espírito.

Permiti, Senhor, que eu obtenha, pelo trabalho, o necessário à vida corporal, sem que seja prejudicado o aperfeiçoamento do meu ser espiritual. Consenti que os nossos inspiradores e invisíveis servos me inspirem desejos de ser útil aos meus semelhantes.

Fazei, Senhor, que, com sua inspiração, eu saiba conduzir-me sem prejudicar os meus irmãos por pensamentos, palavras, obras ou missões.

Oxalá o Anjo da minha guarda e os meus espíritos protetores me livrem de todos os seres encarnados e desencarnados que possam induzir-me ao mal e afastar-me dos princípios da caridade, pregada e exemplificada por Jesus Cristo.

Prece para o Momento de Repouso

Meu Deus! Um dia mais passou da minha presente e curta existência. E como foi ele passado?...

Vossa infinita bondade vai conceder-me o sono necessário para eu recuperar as forças que perdi. Consenti, pois, que durante esses momentos minha alma seja fortalecida pelos conselhos dos bons espíritos e deles obtenha as necessárias luzes para reconhecer os meus defeitos e, buscando emendá-los, não mais cometa infrações às Vossas Leis.

E vós, meu anjo da guarda, fazei que eu possa compreender os conselhos dos bons espíritos e que, ao acordar, conserve deles nítida, duradoura e salutar memória.

Prece para Pedir Auxílio Diante do Perigo Iminente

Deus Todo-Poderoso, socorrei-me!
Anjo de minha guarda, protegei-me!
Se, para o meu benefício futuro, eu devo sucumbir, seja feita a vossa vontade, Senhor, e não a minha; se, porém, me for dado salvar-me, permiti

que o restante da minha vida repare o mal que eu tenha feito e do qual sinceramente me arrependo.

Prece para uma Pessoa que Acaba de Morrer

Senhor Todo-Poderoso, consenti que a vossa misericórdia se estenda sobre todos os nossos irmãos que acabam de deixar a Terra e que a Vossa luz brilhe diante de seus olhos. Tirai-os das trevas, abri-lhes os olhos e os ouvidos! Consenti que Vossos bons espíritos se lhes aproximem, fazendo-os escutar palavras de paz e esperança.

Senhor! Por mais indignos que sejamos, atrevemo-nos a implorar-Vos misericórdia e indulgência em favor dos nossos irmãos que acabam de ser chamados do exílio; permiti que a sua volta seja como a do filho pródigo. Esquecei, meu Deus, as faltas que eles tenham cometido, pelas lembranças do bem que acaso fizeram. A Vossa justiça é invariável, bem o sabemos, porém o Vosso amor é imenso, e, por isso, Vos suplicamos que abrandeis a Justiça na fonte da bondade que emana de Vós.

Irmão que acabais de deixar a Terra, faça-se a luz sobre vós, e os bons espíritos do Senhor, aproximando-se de vós e rodeando-vos, vos ajudem a sacudir as cadeias terrestres! Submetei-vos sem queixumes à divina Justiça para nunca vos desesperardes de merecer a misericórdia de Deus.

Irmãos! Oxalá que, em um sério exame do vosso passado, se vos abram as portas do futuro, fazendo-vos compreender as faltas que deixastes atrás e o trabalho que vos incumbe para os reparardes. Que Deus vos perdoe e que os espíritos vos sustentem e animem! Os vossos irmãos da Terra orarão por vós, assim como vos pedem para orardes por eles.

Prece por um Inimigo

Senhor! Vossa Justiça aprouve chamar a alma de (dizer o nome da pessoa) a prestar contas ante Vós; eu lhe perdoo o mal que me fez, bem como suas intenções para comigo. Possa isso ser-lhe útil e servir de incentivo ao arrependimento de suas faltas para que Vossa divina misericórdia baixe sobre ele. Afastai também de mim, Senhor, o pensamento de me regozijar com a sua desencarnação. Se procedi mal para com ele, a Vós, meu Deus, e a ele, peço perdão, assim como me esqueço do seu modo de proceder para comigo.

Prece para Pedir Forças a Fim de Resistir a uma Tentação

Deus Todo-Poderoso, não me deixeis sucumbir na tentação em que me vejo, de cair em falta; espírito benévolo que me protegeis, desviai de mim este mau pensamento e dai-me forças para resistir à sugestão do mal.

Prece por uma Vitória Obtida contra uma Tentação

Meu Deus, eu vos agradeço por me haverdes permitido sair vitorioso da luta que acabo de sustentar contra o mal.

Permiti que esta vitória me dê coragem para resistir a novas tentações.

E a vós, meu anjo de guarda, agradeço a assistência que me prestastes.

Possa eu, pela minha submissão aos vossos conselhos, merecer-vos proteção constante.

Prece que Deve ser Dita Antes de Começar Qualquer Empreendimento

Ó Deus Todo-Poderoso, Deus fortíssimo, Deus dulcíssimo, Deus altíssimo e gloriosíssimo, Deus pleno, soberano e justo. Deus pleno de toda a graça, de toda clemência, eu (dizer o nome), pescador indigno e cheio de iniquidades, prostro-me a Vossos pés e apresento-me diante de Vossa Majestade, implorando Vossa Misericórdia e Vossa Bondade.

Não olheis o número infinito de meus pecados, pois Vós sempre tendes compaixão de todos os que se arrependem.

Dignai-Vos escutar as minhas preces; benzei, eu Vos peço, esta Operação (ou este empreendimento), por Vossa bondade, por Vossa misericórdia e por Vossa virtude todo-poderosa. É a graça que eu Vos peço, em nome do Vosso Filho, que reina convosco e com o Espírito Santo por todos os séculos dos séculos.

Assim seja.

Prece para Pedir um Conselho

Em nome de Deus Todo-Poderoso, bons espíritos que me protegeis, inspirai-me a melhor resolução a tomar na incerteza em que permaneço.

Guiai-me nos meus pensamentos para o bem e libertai-me da influência daqueles que tentaram desencaminhar-me.

Prece para as Aflições da Vida

Deus Todo-Poderoso, que cedeis às nossas misérias, dignai-Vos ouvir favoravelmente os votos que Vos dirijo neste momento. Se o meu pedido for inconsiderado, perdoai-me; se aos Vossos olhos for justo e útil, consenti que os espíritos mensageiros da Vossa bondade e vontade venham em meu auxílio para a sua realização.

Qualquer que seja o resultado, meu Deus, cumpra-se a Vossa vontade. Se os meus desejos não forem atendidos por estar em Vossos desígnios experimentar-me, eu me submeterei sem murmurar.

Permiti que não se apodere de mim o desânimo, nem sejam abaladas a minha fé e a minha resignação.

Em Ação de Graças por um Favor Obtido

Deus infinitamente bom, seja bendito o vosso nome pelos benefícios que me concedestes.

Indigno seria eu se os atribuísse ao acaso ou ao meu próprio mérito. Bons Espíritos, que sois os executores da vontade de Deus, e vós, em especial, meu anjo da guarda, aceitai o meu reconhecimento.

Afastai de mim o orgulho pelo benefício recebido, que jamais eu possa fazer mau uso dele.

Prece em Ato de Submissão e Resignação (I)

Meu Deus, Vós sois soberanamente justo.
Todo sofrimento neste mundo tem, pois, causa e utilidade.

Submissamente, aceito a aflição que acabo de sofrer, em expiação das minhas faltas passadas e provas para o futuro.

Bons espíritos que me protegeis, dai-me alento para suportá-la sem murmurar, aproveitando-a como conselho salutar, que me aumente a experiência e em mim combata o orgulho, a ambição, a tola vaidade e o egoísmo, contribuindo destarte para meu adiantamento.

Prece em ato de Submissão e Resignação (II)

Sinto, meu Deus, necessidade de orar para ter forças diante das provações que Vos aprouve enviar-me. Permiti que a luz se faça intensamente em meu espírito, para que eu aprecie toda a expansão desse amor que me aflige por quereres salvar-me.

Com resignação, meu Deus, curvo-me a tudo, posto que, sendo fraca criatura, temo sucumbir se não me ampararde.

Não me abandoneis, Senhor, porque sem o Vosso auxílio nada poderei.

Prece Se Escapar de um Perigo

Meu Deus! Agradeço-Vos por haverdes permitido que eu escapasse do perigo que me ameaçava.

Louvores Vos tributo, Senhor! Saiba eu eternamente amar-Vos e servir-Vos para, de alguma forma, poder ser grato à Vossa misericórdia.

E vós, anjo da minha guarda e espíritos que me protegeis, aceitai o meu reconhecimento e fazei com que eu conheça minhas faltas, para que, reparando-as, possa tornar-me digno de Vossa proteção.

Inspirai-me bons pensamentos e assisti-me, para que eu consiga empregar com utilidade o tempo que Deus houve por bem conceder-me ainda na presente existência e, assim, ao libertar-me dos liames da carne, possa entrar no mundo espiritual, expurgado de minhas imperfeições.

Prece em Ação de Graças Quando se Escapa de um Perigo

Deus, e vós, meu anjo da guarda, aceitai o meu reconhecimento pelo socorro que me enviastes no perigo de que estive ameaçado.

Seja-me esse perigo um aviso, que me esclareça quanto às faltas que para ele me atraíram.

Compreendo, Senhor, que em vossas mãos está a minha vida e que a podeis retirar quando vos aprouver. Inspirai-me, pelos bons espíritos que me assistem, o propósito de empregar com utilidade o tempo que me concedeis ainda neste mundo.

Considerai com amor a resolução que tomo, de reparar minhas faltas e de fazer todo o bem ao meu alcance, a fim de chegar ao mundo espiritual liberto das minhas imperfeições, quando aprouver a Deus para lá me chamar.

Prece para Pedir Correção por uma Falta Cometida

Vós me destes, ó meu Deus!, a inteligência nítida para distinguir o que é bom do que é mau; desde que eu reconheça que em qualquer coisa há mal, sou culpado por não evitá-la.

Preservai-me do orgulho, que me poderia impedir de lobrigar os meus defeitos, e bem assim dos maus espíritos, que me poderiam excitar a perseverar neste caminho.

Entre as minhas imperfeições, reconheço ser particularmente inclinado a..., e, se não resisto a esses arrastamentos, é pelo hábito que já adquiri e ao qual me escravizei.

Justo como sois, não me criastes culpado, mas me destes igual aptidão para o bem e para o mal; se segui o meu caminho, foi por efeito do meu livre-arbítrio. Mas, pela mesma razão por que possuo liberdade de fazer o mal, possuo a de fazer o bem e, por conseguinte, tenho de mudar de caminho.

Os meus defeitos atuais são restos de imperfeições conservadas das precedentes existências. Representam o meu pecado original, de que me poderei libertar pela vontade, com a assistência dos bons espíritos.

Espíritos benévolos que me protegeis, principalmente vós, meu anjo da guarda, dai-me energia para resistir às más sugestões e sair vitorioso da luta.

Os defeitos constituem as barreiras que nos afastam de Deus, e cada defeito corrigido é um passo avançado do progresso, que d'Ele nos deve aproximar.

O Senhor, em sua infinita misericórdia, dignou-se conceder-me a existência atual para o meu adiantamento.

Ajudai-me a torná-la proveitosa, bons espíritos, para que não fique perdida para mim e, quando aprouver a Deus me tirar, eu saia dela melhor do que quando entrei.

Prece por uma Pessoa Agonizante

Deus potente e misericordioso, eis uma alma que deixa o seu invólucro terrestre para de novo voltar ao mundo dos espíritos, sua verdadeira pátria; possa ela aí entrar em paz e receber a Vossa misericórdia.

Bons espíritos que a acompanhastes na Terra, não a abandoneis neste momento.

Dai-lhe alento para suportar os últimos sofrimentos pelos quais deve passar neste mundo, para seu adiantamento futuro. Inspirai-a para que consagre ao arrependimento de suas faltas os derradeiros reflexos de inteligência que lhe restam, ou possam momentaneamente sobrevir-lhe.

Dirigi-lhe o meu pensamento, a fim de que sua ação torne menos penoso o trabalho do desprendimento, levando-lhe à alma, no momento de deixar a Terra, as consolações de esperança.

Prece para Alguém que Acaba de Desencarnar

Deus Todo-Poderoso, que a Vossa Misericórdia se estenda sobre a alma de (dizer o nome da pessoa), que acabais de chamar para o Além. Possam ser-lhe contadas as provas que ela (ou ele) sofreu da Terra e as nossas preces suavizarem e abreviarem as penas que ainda venha a sofrer em espírito.

Espíritos bons que viestes recebê-lo, e vós que lhe sois seu anjo de guarda, auxiliai-o a despojar-se da matéria; dai-lhe a luz e a consciência do seu estado, a fim de tirá-lo da perturbação que acompanha a passagem da vida corporal para a espiritual; inspirai-lhe o arrependimento das faltas que haja cometido e o desejo de repará-las, a fim de apressar o adiantamento para a vida eterna, bem-aventurada.

(Dizer o nome da pessoa), acabastes de entrar na vida espiritual, mas, aqui, estais presente entre nós; podeis ver-nos e ouvir-nos, porque a única diferença existente entre nós é apenas a do corpo efêmero, que acabastes de deixar e que, muito em breve, estará reduzido a pó.

Deixastes o grosseiro envoltório sujeito às vicissitudes e à morte, e conservais invólucro etéreo, imortal. Se não viveis mais a vida do corpo, viveis a do espírito – a vida o isenta das misérias que afligem a humanidade. Não tendes mais o véu que aos nossos olhos oculta os esplendores da vida futura; podeis agora contemplar as novas maravilhas, ao passo que nós ainda ficaremos mergulhados em trevas.

Podeis percorrer o espaço e visitar os mundos com toda a liberdade, ao passo que nós com dificuldade nos arrastamos na Terra, a qual nos prende o corpo material, semelhante a pesado grilhão.

O horizonte do infinito vai desenrolar-se diante de vós e, em presença de tanta grandeza, compreendereis a futilidade dos desejos terrestres, das ambições mundanas e das alegrias vãs que os homens consideram delícias. A morte é simplesmente uma separação material de alguns instantes. Deste exílio, onde nos retêm a vontade de Deus e os deveres que aqui temos de cumprir, nós vos seguiremos pelo pensamento até que seja permitido reunirmo-nos de novo, assim como já vos reunistes aos que vos precederam. Não podemos ir para perto de vós, visitar os que vos amastes; sustentai os que vos amam e os que amastes; sustentai-os nas provações de vida; velai pelos que vos são caros; protegei-os conforme o vosso poder e mitigai-lhes os pesares, comunicando-lhes, pelo pensamento, a notícia de que sois feliz agora, dando-lhes a consoladora certeza de que um dia se reunirão a vós, em um planeta melhor.

No mundo em que vos achais, todos os ressentimentos terrestres vêm extinguir-se.

Que a eles sejais inacessível, no interesse da vossa felicidade futura.

Perdoai aos que vos ofenderam, assim como eles vos perdoam.

Prece pelas Almas Sofredoras

Deus clemente e misericordioso, que a vossa bondade se estenda sobre os espíritos que se recomendam às nossas preces, principalmente sobre a alma de (dizer o nome da pessoa).

Bons espíritos, cuja única preocupação é o bem, intercedei comigo para que eles sejam aliviados! Fazei brilhar ante seus olhos um raio de esperança, e que a luz divina os esclareça quanto às imperfeições que os afastam da morada dos bem-aventurados! Abri-lhes os corações ao arrependimento e ao desejo de se purificarem para apressar o seu adiantamento. Fazei-lhes compreender que por seus esforços podem abreviar a duração de suas provas.

Que Deus, em sua bondade, lhes dê forças para preservarem boas resoluções. Possam estas palavras suavizar-lhes os sofrimentos, mostrando-lhes que há, na terra, entes compadecidos deles e desejos da sua felicidade.

Prece pelas Pessoas que nos São Afeiçoadas

Dignai-Vos, meu Deus, acolher favoravelmente a prece que Vos dirijo pelo espírito de (dizer o nome da pessoa) e permiti-lhe entrever as Vossas divinas luzes, tornando-lhe fácil o caminho da felicidade eterna. Consenti que os bons espíritos lhe levem as minhas palavras e o meu pensamento. Tu, que me eras caro neste mundo, ouve a minha voz que te chama para te dar novo testemunho da afeição. Deus permitiu que fosses libertado antes de mim; lamentar-me seria egoísmo, pois com isso provaria desejar-te ainda as penas em sofrimento da vida. Aguardo resignadamente o instante da nossa união nesse mundo mais feliz, em que me precedeste.

Sei que a nossa separação é apenas momentânea e que, por mais longa que possa parecer, sua duração se apaga diante da felicidade eterna que Deus reserva em cometer qualquer ato que retarde esse almejado instante, poupando-me assim a dor de não te encontrar, ao sair do meu cativeiro terrestre.

Oh! como é doce e consoladora a certeza de que entre nós não há senão um véu material que te oculta à minha vista; que podes estar ao meu lado, ver-me; ouvir-me como outrora, ou melhor ainda, que não me esquecer, assim como de ti não me esqueço. Que os nossos pensamentos não cessem de se confundir e que o teu me siga e ampare sempre!

A paz do Senhor fique contigo.

Prece pelos Espíritos Arrependidos

Deus de misericórdia, que aceitais o arrependimento sincero do pecador encarnado ou desencanado, eis aqui um espírito que se comprazia do mal, mas reconhece seus erros e entra no bom caminho. Dignai-Vos, ó meu Deus, recebê-lo, qual filho pródigo, e perdoá-lo.

Bons espíritos, a cuja voz ele era surdo, de hoje em diante ele vos quer escutar. Permiti-lhe entrever a felicidade dos escolhidos do Senhor, a fim de que persista no desejo de se purificar para alcançá-la nas boas resoluções; dai-lhe energia para resistir aos maus instintos.

Espírito de (dizer o nome da pessoa), nós vos felicitamos pela vossa mudança e agradecemos aos bons espíritos que vos auxiliam.

Se tivestes prazer outrora em praticar o mal, foi por não compreenderdes quanto é agradável a satisfação de fazer o bem. Se vos sentistes indigno de merecer a felicidade, logo que pusestes o pé no bom caminho, iluminou-vos nova luz; principiastes a gozar ventura desconhecida, e a esperança penetrou no âmago de vossa alma. E que Deus ouve sempre a prece do pecador arrependido, e a nenhum dos que O procuram repele.

Para entrardes plenamente em sua graça, deveis, daqui por diante, não somente abster-vos do mal, mas dedicar-vos à prática do bem e, especialmente, a reparar o mal que fizestes. Então, tereis satisfeito a Justiça de Deus, pois cada boa ação apagará uma das faltas pesadas. O primeiro passo está dado; agora, quanto mais avançardes, tanto mais fácil e agradável vos parecerá o caminho. Preservai, pois, e um dia tereis a glória de serdes contato entre os bons espíritos, e entre os espíritos felizes.

Prece pelos que Sofrem

Pai de misericórdia e amor, pedimos que derrameis as Vossas graças sobre todos os que sofrem, quer como encarnados entre nós, quer como desencarnados e errantes no espaço. Tende piedade de nós, Senhor, pois é por nossas fraqueza e ignorância que cometemos infrações às Vossas leis. Vós nos fizestes, mas nos destes a força necessária para resistirmos ao mal e vencê-lo.

Permiti que a Vossa Luz brilhe aos olhos de todos os Vossos filhos e que a Vossa misericordiosa sobre todos se estenda, para que cada qual possa resistir aos maus pensamentos que nos arrastam ao mau caminho. Os Vossos bons espíritos cerquem a todos os Vossos filhos e os animem e esclareçam, para que eles se prosternem, rendam-Vos graças e tributem louvores, humildes, arrependidos e submissos.

Também Vos pedimos, Pai de infinito amor, pelos nossos infelizes irmãos a quem faltaram as forças para suportar as provas terrestres. Vós, Senhor, a todos dais um fardo para carregar, e nós o devemos depor senão a Vossos pés. Mas é grande a nossa fraqueza e débil a nossa coragem, que às vezes nos falta em caminho.

Tende, pois, piedade dos Vossos servos que, por indolência e desânimo, abandonaram a obra antes da hora; seja para eles clemente a Vossa justiça, permitindo-lhes as consolações dos bons espíritas, para que, em breve, possam ter alívio e esperanças, Senhor! Derramai o bálsamo do Vosso perdão sobre os culpados arrependidos e, aos que se desesperam, sustente-os a esperança e busquem, na própria grandeza de suas faltas e sofrimentos, as necessárias forças para resgatar o seu passado e se encorajar para a conquista do futuro.

Prece para os Médiuns Curadores

Meu Deus! Se Vos dignardes servir-Vos de mim, apesar de indigno, é meu desejo aliviar o sofrimento deste meu irmão, se for da Vossa vontade, pois tenho fé no Vosso amor.

Permiti, pois, que os bons espíritos me envolvam com seus salutares fluidos e que os possa transmitir a este enfermo.

Desviai de mim qualquer pensamento de orgulho ou vaidade que possa alterar a pureza e desvirtuar o meu desejo.

Prece para as Casas Mal-Assombradas

Deus de infinito amor e bondade, compadecei-Vos de todos os infelizes aferrados a esta casa; derramai um raio de Vossa luz e de Vossa misericórdia sobre aqueles que Vos desconhecem e se comprazem na prática do mal, conscientemente; fazei que eles conheçam o bom caminho e pratiquem o bem, em vez do mal, a fim de que possam gozar da felicidade que concedeis aos Vossos filhos diletos; derramai também um raio da Vossa misericórdia sobre as pessoas que dão causa a serem perseguidas e que inconscientemente tornam seus irmãos sofredores.

Pai justo, concedei a graça que Vos pede um dos Vossos filhos mais humildes, que almeja um dia chegar até Vós.

Prece para uma Pessoa Doente

Senhor! Deus de clemência e amor! Lançai um olhar de complacência sobre todos os que sofrem enfermidades, doenças corporais, especialmente sobre (dizer o nome da pessoa), e dignai-Vos conceder alívio aos seus males e pôr termo a eles se assim for a Vossa vontade.

Bons espíritos que só em derramar benefícios vos ocupais, eu vos peço que secundeis este desejo de os aliviar e, dirigindo-lhes os meus pensamentos, fazei que eles derramem o bálsamo salutar sobre seus corpos, bem como a consolação em suas almas.

Inspirai-lhes a necessária paciência cristã, a submissão à vontade de Deus, para que, com calma, possam resistir às dores e, com resignação, aproveitar-se no futuro das provas por que ora passam.

Prece para o Fim da Reunião

Deus Todo-Poderoso, nós agradecemos todos os benefícios que Vosso Amor Misericordioso nos tem dispensado. Igualmente agradecemos aos bons espíritos que, por caridade, se prestam a vir comunicar-se conosco, e permita Deus possam eles auxiliar-nos a pôr em prática as suas instruções, tirando proveito e mais fortificados na prática do bem e no amor a Deus e ao próximo. Oxalá sejam sempre proveitosas as instruções dos bons espíritos para os encarnados ou desencarnados, sãos ou sofredores, ignorantes ou viciosos, e, sobretudo, para os que a esta reunião assistiram.

Prece a Jesus Cristo

Senhor Jesus Cristo, filho supremo do Pai, Criador do Universo, Vós que sois o Guia de toda a humanidade, o Chefe de todas as falanges de luz que combatem as forças do mal, aceitai a súplica que Vos dirigimos cheios de esperança em Vossa infinita misericórdia.

Senhor Jesus Cristo, derramai sobre nós a Vossa graça, fazei com que os nossos corações se purifiquem, ajudai-nos a praticar a caridade e perdoar os males que nossos inimigos nos causam, sob a influência dos maus espíritos.

Sem o Vosso auxílio, nenhum passo podemos dar na senda do aperfeiçoamento. Esse auxílio é que nós Vos imploramos, Jesus, a fim de nos habilitarmos a cooperar com as Vossas santas falanges na prática do Bem.

Nós Vos imploramos, Senhor Jesus Cristo: concedei-nos fé em nossos destinos, esperança em nosso aperfeiçoamento, amor a todas as criaturas, aos nossos amigos, aos nossos inimigos e aos de Vós, que sois a Luz do Mundo.

Assim seja!

Prece à Virgem Maria

Santíssima Virgem Maria, Mãe de Jesus, dignai-vos lançar o vosso olhar sobre mim, confortando-me, dando alento e coragem para prosseguir na minha passagem por este planeta, até o fim da jornada.

O sofrimento da Terra é imenso, e ninguém existe que não esteja colhendo o fruto de seus erros no passado.

A justiça do Pai dá a cada um de seus filhos aquilo que é merecido.

Mas vós sois a Mãe de Jesus e de todos os filhos de Deus, vós sois infinitamente bondosa e tendes o poder de aliviar os nossos sofrimentos.

Confiantes, portanto, em vosso amor, esperamos que ouçais as nossas preces, atendais ao nosso pedido, rogando-vos o desejo de paz no coração e infundir-nos o desejo de praticar o bem, auxiliando os nossos irmãos sofredores, na Terra e no Espaço, a fim de mais facilmente prosseguirmos no caminho da Evolução.

Assim seja!

Prece a São Cipriano

(Contra bruxarias e feitiçarias)

Em nome do Pai, do Filho e do Espírito Santo.

São Cipriano, que pela graça divina vos convertestes à fé em Nosso Senhor Jesus Cristo, vós que possuístes os mais altos segredos da magia, construí agora um refúgio para mim contra meus inimigos e suas obras nefastas e malignas.

Pelo merecimento que alcançastes perante Deus, criador do Céu e da Terra, anulai as obras malignas, frutos do ódio, os trabalhos que os corações empedernidos tenham feito ou venham a fazer contra a minha casa.

Com a permissão do Altíssimo Senhor Deus, atendei à minha prece e vinde em meu socorro.

Pelo sangue de Nosso Senhor Jesus Cristo.

Assim seja!

Prece a São Jorge

Chagas abertas, Sagrado Coração de todo amor e bondade, o sangue do meu Senhor Cristo no Corpo meu se derrame, hoje e sempre. Eu andarei vestido e armado, com as armas de São Jorge. Para que meus inimigos, tendo pés, não me alcancem; tendo mãos, não me peguem; tendo olhos, não me enxerguem; e nem pensamentos eles possam ter, para me fazer mal. Armas de fogo o meu corpo não alcançarão, facas e lanças se quebrarão sem ao meu corpo chegar, cordas e correntes se rebentarão sem ao meu corpo chegar, cordas e correntes se rebentarão sem o meu corpo amarrar.

 Jesus Cristo me proteja e me defenda com o poder da sua santa e divina Graça; a Virgem Maria de Nazaré cubra-me com o seu sagrado e divino manto, protegendo-me em todas as minhas dores e aflições; e Deus, com a sua Divina Misericórdia e grande poder, seja meu defensor contra as maldades e perseguições dos meus inimigos; e o glorioso São Jorge, em nome de Deus, em nome de Maria de Nazaré, em nome da falange do Divino Espírito Santo, estenda-me o seu escudo e as suas poderosas armas, defendendo-me, com a sua força e com a sua grandeza, do poder dos meus inimigos carnais e espirituais e de todas as suas más influências; e que, debaixo das patas do seu fiel ginete, meus inimigos fiquem humildes e submissos a vós, sem que se atrevam a ter um olhar sequer que me possa prejudicar.

 Assim seja, com o poder de Deus e de Jesus e da falange do Divino Espírito Santo. Amém.

Prece a São Sebastião

Glorioso mártir São Sebastião, valoroso soldado de Cristo. Valente militar das hostes de Nosso Senhor Jesus Cristo. Corajoso defensor do Santo Nome de Jesus, Salvador dessa humanidade.

São Sebastião, que, pela vossa ardente fé em Jesus, enfrentastes as iras do imperador romano, suportastes as torturas que vos infligiram vossos algozes e morrestes amarrado ao tronco de uma laranjeira, cravado de flechas, a vós eu dirijo minhas orações, confiando em vossos merecimentos perante Deus Criador Todo-Poderoso.

São Sebastião, peço-vos paz e concórdia entre os homens, vós que derramastes vosso generoso sangue em prol da fé cristã, que jamais recuastes nos combates, no cumprimento do dever, sede propício ao meu pedido.

A guerra ensinou-vos a amar a paz, e por isso sois agora o patrono dos que desejam paz e harmonia na Terra.

São Sebastião, que tanto sofrestes em vosso suplício, sois o protetor da humanidade, o preservador da saúde, o médico que cura as feridas do corpo e da alma.

Prece a Nossa Senhora do Bom Parto

Virgem Santíssima, Virgem antes do parto, Virgem depois do parto, tal foi a obra do Espírito Santo, que gerou em vosso ventre imaculado o Esplendor do mundo, vossa alegria em conduzir em vossos braços esse penhor de eterna duração, essa fonte de riqueza que tanto vos glorificou como Rainha dos anjos; e incomparáveis mágoas, sobretudo quando vistes crucificado o vosso filho, nessa hora em que tudo para vós eram aflições e não a vossa ternura de Mãe Santíssima. A todo o momento precisam os pecadores de vosso amor e bondade, mas nunca como nessa hora, dando-me um bom sucesso e a todos quantos imploram o vosso Santo Nome.

Amém.

(Toda mulher que trouxer consigo esta oração no pescoço, rezando todos os dias, sete Ave-Marias e uma Salve-Rainha sete dias antes do parto, sempre terá junto ao seu leito a Virgem Santíssima do Bom Parto.)

Prece a Nossa Senhora de Fátima

Santíssima Virgem, que nos montes de Fátima vos dignastes revelar a três humildes pastorezinhos os tesouros de graças contidos na prática do vosso Rosário, incuti profundamente em nossa alma o apreço em que devemos ter esta devoção, para vós tão querida, a fim de que, meditando os mistérios da nossa Redenção que nela se comemora, aproveitamo-nos de seus preciosos frutos e alcancemos a graça, que vos pedimos nesta oração, se for para maior glória de Deus, honra vossa e proveito de nossas almas.

Assim Seja.
(Pai-Nosso, Ave-Maria, Glória ao Pai.)
Rainha do Santíssimo Rosário,
Rogai por nós.

Prece a São Casemiro

Em nome do Pai, do Filho e do Espírito Santo.
Senhor Deus, que fortificastes São Casemiro com uma constância inquebrantável, entre as delícias da corte e os mais sedutores atrativos mundanos,

concedei aos que pedem por intercessão desse Vosso santo a mesma graça do desprezo aos bens materiais, terrestres.

Afastai, eu Vos peço, as tentações que nos afligem e, pelos méritos desse admirável Príncipe, livrai-nos do males que nos afligem.

Rogamos por Nosso Senhor Jesus Cristo.
Assim seja.

Repetir três vezes:

São Casemiro, poderoso protetor dos que vos invocam em suas tentações e sofrimentos, rogai por nós.

(Rezar um Creio em Deus Pai, um Pai-Nosso e uma Ave-Maria.)

Antiga Prece de São Cristóvão

Em nome do Pai, do Filho e do Espírito Santo.

Glorioso mártir São Cristóvão, nós vos suplicamos obter, para todos os que vos imploram com fé vosso poderoso auxílio, a graça de serem protegidos de morte súbita e de todos os males e perigos imprevistos. Livrai-nos, São Cristóvão, dos castigos pelo nossos pecados, afastai de nós os incêndios, as inundações, as epidemias.

Livrai-nos, São Cristóvão, da morte súbita, imprevista, natural, desastrosa ou violenta. Conservai-nos no caminho da honestidade e da crença em Deus, Nosso Pai.

Assim seja.

Repetir três vezes:

São Cristóvão, rogai por nós, que vos invocamos com inteira confiança em vossos méritos e poderes.

(Rezar um Creio em Deus Pai, um Pai-Nosso e uma Ave-Maria.)

Prece para Santa Escolástica

Em nome do Pai, do Filho e do Espírito Santo.
Meu Deus, autor de todos os bens, recorremos a Vós, por intermédio dos méritos de Santa Escolástica.

Concedei-nos o tempo favorável de que temos necessidade. Em nossas aflições, concedei-nos a participação nos favores e consolos que Santa Escolástica concede aos vossos servidores.

Assim rogamos por Nosso Senhor Jesus Cristo.

Repetir três vezes:

Santa Escolástica, que concedeis um tempo favorável àqueles que vos invocam, rogai por nós obtendo-nos o auxílio do Senhor.

Prece Forte

Glória ao Altíssimo, Senhor Deus, Criador do Céu e da Terra, por todos os séculos dos séculos.
Assim Seja.
Seja a Vossa Glória confirmada, eternamente, Senhor Deus dos Exércitos, Vencedor do faraó, que derrotastes os Vossos inimigos no deserto, nas montanhas, nos mares, debaixo da terra, nos ares. Louvado seja o Vosso nome. Para sempre seja louvado.
Em nome do Pai, do Filho e do Espírito Santo.
Senhor Deus, que em benefício dos pecadores Vos dignastes descer a Terra, encarnando-Vos no seio da Virgem Maria, ouvi a minha prece. Falo-

Vos sem rancor e sem desejo de que aconteça algum mal ao meu irmão, que não me deixa em paz.

Senhor, pelo sangue que derramastes na cruz, pelos cravos que feriram Vossas mãos e Vossos pés, pela coroa de espinhos, pelo suar de sangue, iluminai o espírito de meu irmão, infundi-lhe caridade e fazei com que ele se esqueça de mim, afaste-se de mim, não continue a pecar.

Dissestes, Senhor, que todo aquele que se irar contra seu irmão será punido. Fazei Senhor que (dizer o nome da pessoa) não se ire contra mim e não acumule pecado sobre pecado. Esquecendo-se de mim, afastando-se de mim, poderei ter menos motivos para pecar e, assim, de Vos ofender.

Prece a Santa Teresinha

(Para obter uma graça especial)

Santa Teresinha, pura flor de Jesus e de Maria, vosso perfume suave embalsama o Céu e se derrama sobre a Terra, consolando as almas sofredoras, socorrendo os aflitos.

Vosso acendrado amor a Deus, Nosso Senhor Jesus Cristo, vossa humildade, pureza e santidade iluminam o Céu e a Terra.

Infundi em nossas almas o amor a Jesus; tornai-nos bons, pacientes, humildes e crentes em Nosso Senhor Jesus Cristo. Dai-nos forças para resistir às tentações; protegei-nos contra espíritos malfeitores; dai-nos a fé, a esperança e a caridade.

Santa Teresinha do Menino Jesus, na travessia de nossa existência, de nossa passagem por este vale de lágrimas, vigiai nossos passos, afastando-nos das ocasiões de pecado, mantendo-nos firmes na fé em Jesus e proporcionando-nos tranquilidade, a mim, aos meus, a todas as criaturas humanas, para que melhor possamos nos dedicar a Jesus.

Santa Terezinha, sede favorável aos meus rogos, ouvi a minha prece e, pelo vosso amor a Jesus, fazei que (formular aqui o pedido), obtendo da Justiça Divina perdão para meus pecados.

Vós que tivestes vosso bondosíssimo coração abrasado em amor divino, que fostes pura e casta como um lírio, atendei meu pedido e usai de vossos merecimentos, em meu favor, perante Deus

Criador; e distribuí mercês aos que, arrependidos de sua faltas, recorrem aos seus Santos e Santas.

Pelo sangue de Nosso Senhor Jesus Cristo.

Assim seja.

(Rezar um Pai-Nosso e uma Ave-Maria)

Prece a Santa Maria Madalena

(Para obter perdão de faltas e conseguir proteção celeste em qualquer momento)

Em nome do Pai, do Filho e do Espírito Santo.

Santa Maria Madalena, que, em arrependimento de vossos pecados, vos lançastes aos pés de Jesus Cristo Nosso Senhor, lavando-os com perfumes e enxugando-os com vossos cabelos, contrito e arrependido de minhas culpas, eu vos peço ser minha advogada perante a Justiça Divina e obter para mim também o perdão.

Rogo-vos, Santa Maria Madalena, pelas penitências que fizestes, ter compaixão de mim e pedir a Deus que eu esteja sempre guardado pela sua Infinita Clemência e que Seus anjos não me deixem cair em pecado, ser vítima de inimigos, sucumbir ao peso de adversidades.

Santa Maria Madalena, consegui para mim a proteção divina.

Pelo sangue de Nosso Senhor Jesus Cristo.

Assim seja.

(Rezar um Pai-Nosso e uma Ave-Maria.)

Prece a Santa Catarina da Suécia

(Protetora das mães de família – contra os abortos)

Em nome do Pai, do Filho e do Espírito Santo.

Dignai-Vos, Meu Deus, permitir que eu tenha em Santa Catarina da Suécia uma poderosa e eficaz advogada, diante de Vosso Poder, a fim de que seja afastado de mim o mal que me ameaça. Que ela me conduza, pela sua proteção, são e salvo, através de todos os perigos, a fim de mostrar-se a Glória do Vosso Nome e para que eu possa louvar-Vos, meu Deus, eternamente.

Peço-Vos por Nosso Senhor Jesus Cristo.

Assim seja.

Repetir três vezes:

Santa Catarina da Suécia, protetora das mães da família, orai por nós.

(Rezar um Pai-Nosso e uma Ave-Maria.)

Prece a Santa Clara de Assis

(Para curar os males das vistas)

Em nome do Pai, do Filho e do Espírito Santo.

Deus, que nos dais por amigos e protetores Vossos bem-aventurados santos, cujos corações estão cheios de zelo e de caridade por nós, eu Vos suplico, concedei-nos nossa cura pelos méritos e preces de Santa Clara, irmã espiritual do glorioso São Francisco de Assis, a fim de podermos vos render graças eternamente.

Santa Clara, que curais os males da vista, orai por nós.

Santa Clara, protetora dos doentes da vista, rogai por nós.

Santa Clara, socorrei-nos.

(Rezar um Pai-Nosso e uma Ave-Maria.)

Prece a Santa Rita de Cássia

(Para obter emprego ou melhoria de vida)
Em nome do Pai, do Filho e do Espírito Santo.
Louvado seja Nosso Senhor Jesus Cristo.

Santa Rita, que, pela vossa ardente fé em Jesus Cristo e vosso inquebrável amor a Deus, suportastes pacientemente os sofrimentos, diante de vós eu me ajoelho, arrependido de meus pecados.

Santa Rita de Cássia, que sois também chamada "dos possíveis", pois pelos vossos merecimentos sois dotada de imensa graça perante Nosso Senhor, eu vos suplico: dirigi vosso olhar complacente sobre mim e dignai-vos rogar a Deus Todo-Poderoso para que sejam minoradas as minhas dores e aplainados os caminhos da minha existência.

Obtende da Justiça Divina, bondosa Santa Rita, complacência para mim (fazer aqui o pedido).

Sede a minha advogada, a minha protetora, a minha guia, nas tortuosas veredas deste mundo.

Pelo sangue de Nosso Senhor Jesus Cristo.

Assim seja.

(Rezar um Pai-Nosso e uma Ave-Maria.)

Prece a São Miguel Arcanjo

(Para obter sua proteção em dificuldades, em processos e perseguições)

Em nome do Pai, do Filho e do Espírito Santo.

Senhor Jesus, renovai sempre Vossa bênção sobre nós; concedei-nos, pela intercessão de São Miguel, sermos assistidos, particularmente, durante nossa existência, por esse poderoso protetor, em nossas dificuldades, em nossos sofrimentos, em nossas provas.

Eu e todos aqueles que Vos recomendo sejam socorridos por São Miguel, em todas as ocasiões difíceis e na hora da morte.

Nós Vos pedimos por Nosso Senhor Jesus Cristo.

Assim seja.

São Miguel, nosso poderoso protetor, ajudai-nos.

São Miguel, amparai-nos.

São Miguel, orai por nós.

(Rezar um Creio em Deus Pai, um Pai-Nosso, uma Ave-Maria e um Salve-Rainha.)

Prece a São Judas Tadeu

Em nome do Pai, do Filho e do Espírito Santo.

Senhor, concedei aos Vossos fiéis servidores firmeza inquebrantável na fé, a fim de que, honrando a memória de Vosso Apóstolo São Judas, obtenham, por sua intercessão, a graça de alcançar o reino dos céus.

Para todos os que o invocam, seja São Judas poderoso advogado, que socorra eficazmente em todas as suas dificuldades, aflições e atribulações.

Nós pedimos, pelo sangue de Nosso Senhor Jesus Cristo. Assim seja.

São Judas, que jamais deixastes de socorrer os que vos invocam com fé, rogai por nós.

São Judas, amparai-me.

São Judas, defendei-me.

(Rezar em Pai-Nosso e uma Ave-Maria.)

Prece a São Lucas

Em nome do Pai, do Filho e do Espírito Santo.

Senhor, concedei-nos a graça de Vos amar, como Vos amava São Lucas, com todo o nosso espírito e todas as nossas forças.

Concedei-nos também a graça de Vos servir todos os dias durante nossa existência, a fim de merecer que sejam aceitas as preces que Vos dirigimos por intermédio de São Lucas, na esperança de que, pelos méritos desse Vosso Apóstolo, conservemos perfeita saúde do corpo e do espírito.

Por Nosso Senhor Jesus Cristo.

Assim seja.

Repetir três vezes:

São Lucas, que obtendes a saúde do corpo e da alma aos que vos invocam, rogai por nós.

(Rezar um Pai-Nosso e uma Ave-Maria.)

Prece a Santo Edmundo

Em nome do Pai, do Filho e do Espírito Santo.

Jesus, que Vos dignais estar na companhia dos filhos dos homens, que Vosso nome adorável seja nossa salvação, para todos, a fim de podermos louvar-Vos, eternamente, Jesus de Nazaré, Rei dos Judeus.

Repetir três vezes:

Santo Edmundo, que por vossas preces e assistência protegeis os homens contra a morte violenta, rogai por nós.

(Rezar um Pai-Nosso e uma Ave-Maria.)

Prece aos Santos Crispim e Crispiniano

Crispim e Crispiniano, de Maria Santíssima, ambos queridos, três pedidos fizeram: luz, paz e força! Luz, para se poder ver e admirar o amor, grandeza e arte de nosso Eterno Pai; paz, para se poder gozar de tudo que um Pai extremoso proporcionou a seus filhos; força, para se poder resistir às tentações e compreender que, acima de tudo que vê, está Deus, nosso Pai, a quem se deve amar sobre todas as coisas.

    Assim como Deus, por amor de nossa Mãe Maria Santíssima, vos concedeu esta graça tão grande, tão enorme, eu vos peço que alcanceis de nosso eterno e bondoso Pai, por amor de nossa Mãe Maria Santíssima, três pedidos, que são: união e confiança como a Vossa; saber e força como vos foram concedidos; que entre nós haja a mesma união, confiança entre vós, para que eu tenha a força e o saber que vós tivestes e saiba tudo que eu quero e por qualquer modo, ainda que mais guardo segredo, para que com vossos tirapés eu amarre e prenda, com as vossas sovelas cosa e recosa para que não mais se descosa.

    Em nome do Pai, do Filho e do Espírito Santo.
    Amém.

Prece aos Santos Cosme e Damião

Piedosos e poderosos santos Cosme e Damião, vós que, como doutores e defensores dos aflitos, nunca descansastes em sua santa defesa, vós que nunca cansastes na campanha aberta contra o demônio e que sempre o trouxestes de vencido, desviando e arrancando das suas tão grandes, tremendas e malvadas garras os fracos como eu e outros, de quem vos constituístes advogados e a quem sem vossas defesas e proteções, não podíamos resistir a tão audacioso perseguidor, sede mais uma vez os defensores e protetores nossos contra este malfeitor, inquietador da união e paz entre as famílias. Vós que unidos nascestes, vivestes e sempre apregoando a fé, esperança e caridade, o vitorioso nome da Virgem das virgens, nossa Mãe Maria Santíssima, e combatendo o ódio, a vingança, combatei, não descanseis, lá mesmo das alturas e com maior força este nosso inimigo eterno.

Meus santos Cosme e Damião, peço-vos pelo amor de vossos pais e pelo leite que mamastes, pelos vossos santos nomes e o de todos os espíritos da corte do Céu, por tudo que escrevestes, defendestes e pregas-tes, fazei-me este pedido, e eu, de joelhos diante de vossas sagradas imagens, não vos deixo descansar e nem vos solto, enquanto não for feito este milagre, que eu com fé viva no coração espero em nome de Maria Santíssima e do seu Santíssimo Filho.

Prece a São Benedito

Glorioso São Benedito, bem-aventurado que vós fostes pela mansidão, paciência, sofrimento e santas virtudes, sempre abraçado com a Cruz da Redenção; por vossa humildade, vossa caridade, fostes remido cá na Terra para gozar o fruto de vossas obras, no Céu junto ao Divino coro dos anjos, uma glória eterna; glorioso São Benedito, sede meu protetor armado, impetrai-me a graça de que necessito, para poder imitar vossas virtudes e as dos outros santos, para que, tomando-vos por modelo, possa tornar-me um dia digno das promessas de Nosso Senhor Jesus Cristo.

Amém.

Dai-me, meu santo, vigor e constância, porque sou fraco e frágil; sem a vossa graça não posso alcançá-la, porque sou sujeito às iras da maldade humana nesta vida cheia de espinhos e tropeços; ajudai-me com a vossa divina luz e livrai-me das tentações do pecado, para que me torne digno da felicidade eterna, que só a pode alcançar quem como vós seguir a virtude e a caridade; sede meu escudo contra meus inimigos, abrandai seus corações, confundi-os, que só vosso nome os espante e afugente; sede meu guia para a eterna bem-aventurança.

Amém.

Observação: Quem usar esta oração e a rezar com viva fé ao menos uma vez por semana não será mordido por cão danado; se for à guerra, não morrerá nem será vencido; não se afogará nem morrerá queimado; sua casa estará em paz; tudo lhe irá bem; sua mulher terá muito alívio nas dores maternais; os invejosos, os maus olhos, os mal-intencionados e os que usam malefícios e feitiçarias não lhe farão dano algum. Rezando um Pai-Nosso e uma Ave-Maria, pelas almas que estão no purgatório, ganhará indulgência e terá nas maiores opressões Nossa Senhora, São Benedito a o anjo da guar-

da a seu lado para aliviar e dar consolo e estará sempre debaixo em sua vistas piedosas.

Prece a São Jerônimo

Ó glorioso São Jerônimo, na tristeza que nos cerca aqui na Terra, nós elevamos o nosso pensamento a ti, que estás na glória de Deus.

Tu, que passaste a vida no estudo severo dos livros diversos, chamaste as pessoas à fonte da verdadeira sabedoria e, como a água reluz no eterno sol, tiveste em desprezo a maldade do mundo.

Nós, filhos deste século frívolo, fervorosos, imploramos o teu patrocínio.

Guia-nos à procura da verdade, atrai-nos ao verdadeiro tesouro da alma, à luz celeste das coisas, e eleva-nos em espírito até Deus. E, por último, faz que, imitando-te na terra, mereçamos gozar contigo no Céu.

Amém.

Prece a São João Batista (I)

Santo Precursor, que merecestes de Cristo ser escolhido para preparar os homens no caminho da Redenção; que batizastes a Jesus por vossas mãos na ribeira do Jordão, descendo sobre ele o Santo Espírito em forma de pomba; que fostes o primeiro a saudar neste mundo o Redentor, exultando de contentamento ainda no ventre materno, quando Maria Santíssima visitou a Vossa Mãe Santa Izabel; dignai-vos interceder por mim, para que alcance do Redentor o perdão de todos os meus pecados.

A vós entrego a guia da minha alma e do meu corpo, para que não abrigue pensamentos desonestos ou contrarie a doutrina espiritualista que professo, em virtude das santas águas do Batismo com que fui regenerado do pecado, para merecer a Glória da vida eterna.

Assim seja.

Prece a São Jorge (Ogum)

Meu querido São Jorge, eu invoco, com a permissão do Todo-Poderoso, a vossa proteção para que jamais permitais que meus inimigos, encarnados ou desencarnados, consigam realizar os seus objetivos de fazer o mal.

Que as vossas sete cruzes sejam traçadas em volta do meu corpo, fechando-o contra todos os males.

Que a vossa cavalaria faça um cerco em torno de mim, evitando que os fluidos negativos, as larvas astrais, me atinjam e me prejudiquem.

Eu invoco, ó São Jorge, a vossa proteção por sobre minha pessoa e por todos os que me são queridos. Que a vossa proteção, ó guerreiro divino, seja o meu escudo contra o mal, seja ele da forma que se apresentar.

Convosco, ó querido Mentor, eu vencerei todos os males.

Assim seja.

Prece a Iemanjá

Vós que governais as águas, derramai por sobre a humanidade a vossa proteção, fazendo assim. Ó Divina Mãe, uma descarga em seus corpos materiais, limpando suas águas e incutindo em seus corações o respeito e a veneração devidos a essa força da Natureza que simbolizais.

Fluidificai nossos espíritos e descarregai nossa matéria de todas as impurezas que tenha adquirido.

Permiti que vossas falanges nos protejam e amparem, assim o fazendo com toda a humanidade, nossa irmã.

Salve Iemanjá, Rainha dos Mares!

Prece a São Jerônimo (Xangô)

Bondoso São Jerônimo, o vosso nome Xangô, nos terreiros de Umbanda, desperta as mais puras vibrações.

Protegei-nos, Xangô, contra os fluidos grosseiros dos espíritos malfazejos, amparai-nos nos momentos de aflição, afastai de nossa pessoa todos os males que forem provocados pelos trabalhos de magia negra.

Rogamo-vos, também, São Jerônimo, usar de vossa influência caridosa junto ás mentes daqueles que, por ambição, ignorância ou maldade, praticam o Mal contra seus irmãos empregando as forças elementais e astrais inferiores.

Iluminai a mente desses irmãos, afastando-os do erro e conduzindo-os à pratica do Bem.

Prece a Santo Antônio (Ogum)

Meu glorioso Santo Antônio, com sua falange bendita, ajudai-me nesta jornada, para que eu possa conseguir (citar o desejo); com seu cordão de prata, que traz em sua cintura, amarrai o que desejo (citar) até que venha em minhas mãos, sem prejudicar meus irmãos.

Mesmo com minhas necessidades, guiai-me por um caminho a seguir na vontade de Deus.

Se estiver em meu caminho alguma amarração, desamarrai-a, e o mel que nela estiver por vós seja amarrado, com permissão do Pai, ao vosso coração e ao vosso cordão de prata.

Meu glorioso Santo Antônio,

Amém.

(Fazer esta prece, ao meio-dia em ponto e às 18 horas, com uma vela acesa, três dias seguidos, e formular os pedidos).

Prece a São Roque e a São Lázaro

Com a permissão de Deus, eu te corto todas as chagas do corpo e do espírito. Eu sou Lázaro, filho de Deus vivo; livre o meu corpo em chagas; chagas teve Jesus, e todas foram fechadas; fechado será o teu corpo para todos os males que aparecem; estou ao lado de Cristo, Lázaro, eu sou o curador, trazendo os cães que curam com sua saliva sagrada.

Salve, São Roque!

Salve, São Lázaro, em nome da Trindade:

Jesus, Maria e José!

Prece para Pedir o Desenvolvimento Espiritual

Pai Amantíssimo, aqui me acho em Vossa presença, rogando-Vos a Vossa misericórdia para que desperte em mim e em meu espírito o único meio com que posso agradar-Vos e conseguir o desenvolvimento de meu espírito.

Dai-me a compreensão mais alta de Vossas leis, porque – apoiado sobre elas – eu desejo meu aperfeiçoamento moral e espiritual e bem servir os meus irmãos com as graças recebidas.

Amém.

Oração para Tirar o Sol da Cabeça

Deus, quando pelo mundo andou, muito sol e calor apanhou. Encontrou Nossa Senhora, que lhe disse que se tiraria o sol com um guardanapo de olhos e um copo de água fria. Sim, como falo a verdade, torne o sol a seu lugar, vai esta Senhora pelo mar abaixo com um copinho d'água fria;

o mal que nela tem o corpo e a cabeça, tirem-no Deus e a Virgem Maria.

Oração para Curar a Erisipela

Pedro Paulo veio de Roma, com o Senhor se encontrou, e o Senhor lhe perguntou:
– Pedro Paulo, de onde vens?
– Eu, Senhor, venho de Roma.
– E o que há por lá passado?
– Grande doença – erisipela.
– Volta atrás, ó Pedro Paulo! Vai para essa Terra com três folhas de palma benta, outras tantas de oliveira, para curar desta maneira:

Erisipela, isipelão, vai-te para o fundo do mar, que este (dizer o nome da pessoa) é bem pobre e não te pode sustentar. Homem manso, mulher brava, Nossa Senhora curava.

Amém.

(Durante o tempo em realizar a oração, faz-se cruz na parte afetada, com três pedacinhos de palma benta, em forma de cruz, depois elas são jogadas em um braseiro. Faz-se o benzimento durante nove dias.)

Prece para Entrar em Qualquer Lugar e Ser Atendido no que Se Pedir

A pessoa deverá entrar com o pé direito. Ao visitar a casa em que vai encontrar a pessoa a quem fará o pedido, rezar:

"Deus vos salve essa casa e todos que aí estão. Que eu seja atendido como Cristo a Salsão.

Para que tudo que eu pedir alcançar e obter.

E ninguém ter força para dizer não.

Jesus é por mim, nada será contra mim;

Jesus é por mim, nada será contra mim;

Jesus é por mim, nada será contra mim.

(Rezar batendo o pé direito, e batendo no peito. Ao terminar, entrar com o pé direito).

Prece a São Sebastião Mártir (Oxóssi)

Ó meu glorioso mártir São Sebastião, soldado fiel de nosso Senhor Jesus Cristo, assim como vós fostes mártir transpassado e cravado com agudas setas em um pé de laranja, por amor de Nosso Senhor Jesus Cristo, Filho vivo do Onipotente, Criador do Céu e da Terra, eu, criatura de Deus, imploro a vossa divina proteção perante Deus e os anjos.

Santos apóstolos, mártires, arcanjos e todos os que estão na divina presença do Eterno Pai, Filho e Espírito Santo.

Imploro ao vosso divino auxílio a proteção, que me guardeis. Defendei-me dos meus inimigos, andando, viajando, dormindo ou acordado, trabalhando, negociando; quebrai-lhes as forças, os ódios, a vingança, o furor e qualquer mal que tiverem contra mim. Olhos tenham, não me verão; mãos tenham, não me pegarão, nem me façam mal nenhum; pés tenham, não me persigam; boca, não falem nem mintam contra mim; armas, não tenham poderes de me ferir; cordas, correntes, não me amarrem; as prisões para mim abram as portas, arrebatem-se as chaves; esteja eu livre da guerra, e meu corpo seja fechado contra o mal que houver contra mim. Fome, peste e guerra, com os poderes de Deus Pai, Deus Filho, Deus Espírito Santo.

Deus, Jesus, Maria e José pelas sete espadas de Dores de Maria Santíssima. Com seu Divino Manto me cubra e escape dos meus inimigos. Eu, criatura de Deus, fecharei o meu corpo contra os perigos, naufrágios, infortúnios e adversidades da minha sorte. Com Deus andarei, servirei, viverei e feliz serei. Eu, criatura de Deus, me uno de corpo e alma ao meu Redentor Jesus Cristo.

Perdão dos meus pecados, Senhor Deus, paz da minha alma.

Senhor Deus, lembrai-Vos das almas dos meus pais, amigos, parentes, benfeitores e inimigos. Senhor Deus, dai-me força e vigor para sofrer com paciência as fraquezas do próximo. Arrancai e quebrantai de mim os meus pensamentos e fraquezas. Lembrai-Vos de mim no Vosso paraíso, como Vos lembrastes do bom ladrão na cruz do Calvário.

Amém.

(Rezam-se três Pais-Nossos, três Ave-Marias e três Glórias ao Pai, oferecendo-se ao mártir São Sebastião e à Virgem Maria.)

Nossa Senhora das Dores, pelas cinco chagas de Nosso Senhor Jesus Cristo, para aplacar a soberba, o ódio, a vingança, a inveja, a guerra e o mal, e fechar o corpo e a alma contra todos os perigos e as tentações do demônio.)

Prece a São Bento

Valham-me a preciosa Cruz do Senhor São Bento e as preciosas letras que se encerram dentro no poder, valia e merecimento.

Eu (dizer o nome), sempre livre hei de ser do fogo, do ferro, dos ares, de feitiço, de peste e de bichos peçonhentos, pois tenho para minha defesa Jesus Cristo e o Senhor São Bento.

Na arca de Noé me meto;

Com a chave de São Pedro me fecho;

Com as três pessoas da Santíssima Trindade me acompanho, Pai, Filho e Espírito Santo.

Amém.

(Rezar um Pai-Nosso e uma Ave-Maria, oferecidos a São Bento.)

Prece a Nossa Senhora do Desterro

Ó virgem admirável, cheia de firmeza, paz e constância, que nem as pessoas humanas poderão seduzir, nem promessas, nem ameaças poderão abalar.

Vós que desprezastes, vós que vos assentais sobre o primeiro trono do mundo e que não quisestes reinar com um dos mais poderosos imperadores para seguir a Jesus Cristo, que tínheis escolhido por vosso esposo. Ó Nossa Senhora do Desterro! Obtende-me a graça de me desapegar também das coisas da terra, para que, tendo eu bastante força para vencer os obstáculos e desprezar as vaidades do mundo, possa alcançar, como vós, a bem-aventurança eterna.

Prece à Mãe d'Água (Iemanjá)

Minha gloriosa Mãe d'Água, eu vos saúdo. Minha gloriosa Mãe d'Água, vós que dissestes que quem por vós chamasse 121 vezes, vós lhe mostraríeis tudo que desejasse. Pois vos chamo, vos peço-vos, rogo-vos, espero ser atendido no que vos peço.

Minha gloriosa Mãe d'Água, vós não dissestes que quem por vós chamasse 121 vezes, pois vos chamo, vos peço, vos rogo e espero ser atendido na súplica que vos faço. Minha gloriosa Mãe d'Água, vós dissestes que quem por vós chamasse 121 vezes vós mostraríeis tudo que pedisse?

Pois eu vos chamo, vos peço, vos rogo, pelo mar em que vós habitais, pelo que nele podeis fazer, espero que me tireis desta aflição em que me acho, e eu vos farei a oferta de pente, um espelho, uma fita.

(Fazer o pedido e entrega do presente.)

Espero também a intercessão da minha gloriosa Santa Rita de Cássia, levando sete pedidos meus ao trono do Senhor para serem distribuídos com os espíritos encarnados e desencarnados, a fim de obter o que desejo.

(Pede-se o que deseja, oferecendo-se um Pai-Nosso e uma Ave-Maria a S. Paixão de Nosso Senhor Jesus Cristo.)

Prece a Nosso Senhor do Bonfim

Meu Senhor do Bonfim. Acho-me na vossa presença humilhado de todo o meu coração para receber de vós todas as graças que me quiserdes dispensar. Perdoai-me, Senhor, todas as faltas que eu tenha comedido em obra ou pensamento e fazei-me forte para vencer todas as tentações dos inimigos de nossas almas...

(Quem possuir esta oração ficará livre de espíritos maus. Satanás não terá mais força para tentar tal pessoa. Ela não morrerá de desgraça nem de moléstia contagiosa.)

Prece a São João Batista (II)

São João Batista, vós que chefiais os grandes médicos e magos do Astral Superior, derramai sobre nós a vossa benéfica proteção.

Deixai, ó João Batista, deixai chegar até nós os fluidos de saúde que vos são peculiares, bem como todos os fluidos pertencentes à legião que dirigis, permitindo ainda, aos mensageiros que estão sob vossas ordens, que possam nos dar assistência, amparando-nos e protegendo.

Nos momentos, querido Orixá, em que se torne preciso a vossa ajuda, se permitido for, usai de nós como vosso instrumento para que, em nome do Pai, seja feita a caridade.

A vossa benção, força e proteção, ó querido João Batista!

Prece a Santa Luzia

Ó milagrosa Santa Luzia, vós que merecestes de Cristo Nosso Senhor que, cega da luz do corpo, fôsseis alumiada pela divina graça.

Assisti-me com a vossa vivificante fé, para que minha alma não seja condenada pela cegueira do erro do pecado às trevas.

Intercedei por mim ao Bom Jesus para que, alumiada toda a minha vida pela sua divina graça, alcance enfim gozar essa perene felicidade que Ele prometeu a todos que seguissem pelo bom caminho de sua Esposa, Santa Madre Igreja, que é a verdadeira luz do mundo. Acolhei, miraculosa

Virgem Mártir, este meu pedido de ser minha intercessora, para que, à hora da morte, eu mereça gozar convosco a vivificante luz da eternidade.

Oração do Santo Sepulcro de Nosso Senhor Jesus Cristo

Cópia de uma letra e oração achada no Santo Sepulcro de Nosso Senhor Jesus Cristo e conservada pelo imperador Carlos II, em seu oratório, em caixa de prata.

Desejando Santa Elisabete, rainha da Hungria, Santa Matilde e Santa Brígida saber alguma coisa da Paixão de Cristo, fizeram muitas particulares orações, em seguida às quais lhes apareceu Jesus Cristo, falando com elas assim:

"Servas minhas prediletas, sabei que os soldados armados foram 150; assim, os que me conduziram foram 23, e os executores de Justiça foram 33; socos que me deram na cabeça, 150; no peito, 108; golpes de espadas, 80; fui arrastado com cordas pelos cabelos 23 vezes; cuspiram-me no rosto 30 vezes; pancadas que me deram no corpo foram

6.666, destas, as que recebi na cabeça foram 110; deram-me um murro mortal no coração; estive no ar pelos cabelos, duas horas; dei de tempo, 192 suspiros; fui arrastado e puxado pela barba 23 vezes; chagas na cabeça, 20; espinhos na cabeça, 110; espinhos de junco marinho, 92; espinhos na testa, 3; depois fui flagelado; vestiram-me de rei da burla e cuspiram-me no rosto 150 vezes; chagas no corpo, 1.000; soldados que me conduziam ao Calvário, 980; os que me vigiaram eram 3; gotas de sangue que derramei foram 38.430.

A toda pessoa que rezar sete Pais Nossos, sete Ave-Marias e sete Glórias ao Pai, pelo espaço de 15 anos continuados, para completar o número de gotas de sangue derramado por mim, concedo cinco graças, que são:

Primeira – Indulgência plenária e remissão de todos os seus pecados;

Segunda – Será livrado das penas do Purgatório;

Terceira – Se morrer antes de ter completado os 15 anos, será como se os tiveste completado.

Quarta – Será como se fosse um mártir e derramasse todo o seu sangue pela santa fé.

Quinta – Virei eu do Céu pela alma dos seus parentes até a quarta geração.

Aquele que trouxer consigo esta oração não morrerá afogado nem de má sorte; será livrado do contágio da peste e do raio; não morrerá sem confissão; será livre de seus inimigos, do poder da justiça, de ações más e falso testemunho; e a mulher que não puder dar à luz, pondo esta oração ao pescoço, logo dará e sairá do perigo.

As casas onde estiver esta oração não sofrerão traimento nem outras coisas e, 40 dias antes da hora da morte, verão a Beata Virgem Maria.

Um capitão espanhol, viajando por terra, perto de Barcelona, viu uma cabeça cortada do corpo, a qual lhe falou assim:

"Viajante, como vais a Barcelona, conduz-me a um confessor, porque já faz três dias que os ladrões me mataram, e não posso morrer sem me confessar."

O capitão conduziu um confessor ao mesmo lugar: a cabeça vivente se confessou e depois expirou. Foram ver o corpo do qual a cabeça estava cortada e acharam-lhe a dita oração, a qual foi aprovada por vários tribunais da Santa Religião e pela rainha da Espanha.

Os mesmos Pais-Nossos podem ser aplicados por qualquer intenção, com a invocação das gotas de sangue de Nosso Senhor Jesus Cristo.

Outra semelhante cópia foi milagrosamente achada no lugar chamado Possuit, três léguas distantes de Marselha, escrita em letras de ouro por obra divina e trazida por um menino de 7 anos, do mesmo lugar de Possuit, em 2 de janeiro de 1752, com a declaração seguinte:

"Diz Deus que todos os que trabalharem no dia de domingo serão amaldiçoados da minha parte, porque domingo devem ir à igreja rogar para que se perdoem os seus pecados. Por isso, deixei seis dias de trabalho, e o sétimo para descansar e fazer exercícios de devoção, e da vossa abundancia fazei aos pobres, e assim a vossa gente será abençoada e cheia de graça. E, pelo contrário, aqueles que não acreditarem na presente oração serão amaldiçoados, eles e seus filhos, e lhes mandarei a fome, a peste, a guerra, a dor e a angústia de coração, em prova do meu desgosto; verão sinais do céu, trovões e terremotos; aqueles que julgarem que estas letras não foram escritas por obra divina e ditadas por minha sagrada boca, e aqueles que a tiverem maliciosamente escondido sem a publicar a outras pessoas, serão amaldiçoados e confundidos, e, no dia do juízo, ao contrário, o que a publicar – ainda que tenha cometido tantos pecados como estrelas há no céu – será perdoado, porque verdadeiramente se verá arrependido de me ter ofendido; ainda que tenha feito alguma injúria ao seu próximo, pedirá perdão de todos os seus pecados."

Aqueles que copiarem, lerem ou derem a ler esta oração e a conservarem dentro de casa nunca mais perigarão.

Oração a Santa Catarina

Minha beata Santa Catarina, que sois beata como o Sol, formosa como a Lua e linda como as estrelas, entrastes na casa do Padre Santuário com 50 mil homens, ouvistes todos; abrandai o coração de (dizer o nome da pessoa) para mim.

(Nome), quando tu me vires se apaixonará por mim, chorarás e suspirarás, assim como a Virgem Santíssima chorou por seu bendito filho.

(Nome), quando debaixo do meu pé esquerdo, eu te parto o coração; (nome), se estiveres dormindo, não dormirás; se estiveres conversando, não conversarás, não enquanto comigo não vieres falar, contar o que souberes e dar-me o que tiveres, e me amarás entre todas as mulheres do mundo; eu para ti parecerei uma rosa fresca e bela.

(Pai-Nosso, Ave-Maria, Salve-Rainha, Creio em Deus Pai.)

Oração a Santo Onofre

Meu glorioso Santo Onofre, que pela Divina Providência fostes santificado e hoje estais no círculo da Providência Divina, confessor das verdades, consolador dos aflitos, às portas de Roma, viestes encontrar-vos com o meu Senhor Jesus Cristo e a graça pedistes que não pecásseis. Assim como lhe pedistes três, eu vos peço quatro.

Meu glorioso Santo Onofre, peço-vos que me façais esta esmola para eu bem passar; vós que fostes pai dos solteiros, sede também para mim, meu glorioso Santo Onofre, por meu Senhor Jesus Cristo, por sua Mãe Santíssima, pelas cinco Chagas de Jesus, pelas sete Dores de Nossa Senhora Santíssima Mãe Maria, pelas almas santas benditas, por todos os anjos e santos do Céu e da Terra. Peço-vos que me concedais a graça que vou pedir (pede-se o que se quer). Meu glorioso Santo Onofre, pela Sagrada Paixão e morte de Nosso Senhor Jesus Cristo, pela Santa Cruz em que morreu, pelo Sangue de Assis, peço-vos que impetreis essas graças de que tanto necessito e espero que serei atendido neste espaço de 40 dias, ouvindo o que vós dissestes com a vossa sagrada boca.

Amém, Jesus.

(Quem esta oração tiver não terá fome, nem sede, nem desgosto; não padecerá angústias, nem lhe faltará dinheiro. Rezar por nove dias esta oração acompanhada de nove Pais-Nossos, nove Ave-Marias e nove Glórias ao Pai, para alcançar tudo quanto se deseja, neste e no outro mundo, rezando em frente da dita imagem.)

Ladainha de Santo Expedito

(Para obter rápida solução em negócios)

Em nome do Pai, do Filho e do Espírito Santo.

Senhor, tente piedade de nós.

Jesus Cristo, tende piedade de nós.

Senhor, tende piedade de nós.

Jesus Cristo, tende piedade de nós, escutai-nos.

Jesus Cristo, atendei-nos.

Pai Celeste que sois Deus, tende piedade de nós.

Deus Filho, Redentor do mundo, tende piedade de nós.

Deus Espírito Santo, tende piedade de nós.

Santíssima Trindade, que sois um só Deus, tende piedade de nós.

Santa Maria, rainha dos mártires.

Santo expedito, invencível atleta da fé.

Santo Expedito, fiel até a morte.

Santo Expedito, que tudo perdestes para ganhar Jesus Cristo.

Santo Expedito, que fostes açoitado com varas.

Santo Expedito, que morrestes gloriosamente pela espada.

Santo Expedito, que recebestes do Senhor a coroa da justiça, por Ele prometida aos que O amam.

Santo Expedito, patrono da mocidade.
Santo Expedito, socorro dos estudantes.
Santo Expedito, modelo dos militares.
Santo Expedito, protetor dos viajantes.
Santo Expedito, advogado dos pecadores.
Santo Expedito, saúde dos doentes.
Santo Expedito, consolador dos aflitos.
Santo Expedito, mediados em processos.
Santo Expedito, nosso socorro em causas difíceis.

Santo Expedito, que nos ensinais que não devemos deixar para o dia seguinte nossas preces e orações.

Santo Expedito, sustentáculo fiel de todos os que confiam em vós, rogai por nós.

Cordeiro de Deus, que apagais os pecados do mundo, atendei-nos, Senhor.

Cordeiro de Deus, que apagais os pecados do mundo, tende piedade de nós.

Cordeiro de Deus, que apagais os pecados do mundo, tende piedade de nós.

Jesus, escutai-nos.

Jesus, atendei-nos.

Oração a Santo Expedito

Que a intercessão do glorioso mártir Santo Expedito nos console, ó Deus nosso, a vossa bondade, a fim de que sua proteção nos obtenha aquilo que não podemos conseguir pelos nossos próprios méritos.

(Rezar um Credo.)

Nós Vos suplicamos, Senhor, inspirar com Vossa graça todos os nossos pensamentos e ações, a fim de que eles vos sejam agradáveis e que, por intermédio de Santo Expedito, procedamos com coragem, fidelidade e rapidez, e tempo apropriado e favorável, para um fim bom e feliz do que desejamos. Por nosso Senhor Jesus Cristo.

(Rezar um Pai-Nosso.)

Santo Expedito, honrado pelo agradecimento daqueles que vos invocam, na última hora, por motivos urgentes, nós vos pedimos que alcanceis para nós a bondade todo-poderosa de Deus, pela intercessão da Maria Imaculada (hoje ou no dia tal), a fim de que assim obtenhamos a graça... que pedimos submissos à vontade divina.

(Rezar uma Ave-Maria e uma Salve-Rainha.)

(Esta ladainha e oração podem ser realizadas sob forma de tríduo – três dias – ou de novena – nove dias – a qualquer hora).

Responso contra Erisipelas

Sinal da Cruz

Virgem Maria de Nazaré, sois alegria se quem tem fé.

A inflamação já vai passar, pela oração, vai acabar.

Benze-te Deus com esta cruz, pecados meus perdoa Jesus.

(Com um crucifixo fazer sobre a erisipela, enquanto se recita o responso.)

(Rezar um Pai-Nosso e uma Ave-Maria.)

Oração a São Brás

(Contra os males da garganta)
Sinal da Cruz

São Brás, que entregastes vosso espírito a Deus, em holocausto pela vossa fé em Nosso Senhor Jesus Cristo, e que no momento de morrerdes supliciado ainda extraístes uma espinha, atravessada na garganta de um inocente menino, eu vos saúdo.

(Fazer o sinal da cruz sobre a garganta.)
São Brás, virtuoso,
São Brás, meu amigo,
São Brás, milagroso,
Estando comigo,
A doença ele espanta,
O mal vai tirar,
A minha garganta,
São Brás vai sarar.
(Sinal da cruz)
Anginas doloridas
Ou inflamações
São logo vencidas
Por esta oração.

(Sinal da Cruz)
Oremus:
Por intercessão e merecimento do bem-aventurado São Brás, concedei-me Deus a cura deste mal de garganta.

Assim seja.

(Rezar um Pai-Nosso e uma Ave-Maria.)

Finda a oração, benzer a garganta, três vezes, com uma cruz.

Novena da Sandália de Santo Antônio

Reze cinco Pais-Nossos, cinco Ave-Marias e cinco Glórias ao Pai, durante nove terças-feiras com a mesma vela acesa, que deverá ser apagada no final da oração.

Pedir três graças, sendo duas consideradas impossíveis e uma relacionada com dinheiro (melhoria de vida, empregos ou o que desejar).

No último dia, deixar a vela queimar até o fim.

Se possível, passe uma cópia da novena a cada terça-feira.

Quem não tiver fé ficará surpreso e comovido ao término da novena.

Importante: Não se trata de corrente.

1ª terça-feira – Primeiro pedido impossível.

2ª terça-feira – Não pedir nada.

3ª terça-feira – Segundo pedido impossível.

4ª terça-feira – Não pedir nada.

5ª terça-feira – Terceiro pedido.

6ª terça-feira – Não pedir nada.

7ª terça-feira – O mesmo primeiro pedido impossível.

8ª terça-feira – O segundo pedido impossível.

9ª terça-feira – Os três pedidos.

Fazer a oração e pedir a Santo Antônio, deixando a vela queimar até o fim.

Grande Oração da Cruz Caravaca

Sinal da Cruz

Nós Vos pedimos Senhor Jesus Cristo, e Vos bendizemos, porque com Vossa Santa Cruz remistes o mundo.

(Genuflexão)

Pequei, Senhor, e tenho sempre o meu pecado diante dos olhos, mas fazei, Senhor Jesus, que eu ouça as Vossas palavras e me alegre em Vossa Misericórdia.

(Genuflexão)

Restituí-me, Senhor, a alegria do Vosso Amparo e dai-me a força que me confirme na prática do bem. Não desprezeis, Senhor meu Deus e Salvador, as minhas preces.

(Genuflexão)

Nós Vos adoramos, Senhor Jesus, e Vos bendizemos, porque com Vossa Santa Cruz remistes o mundo.

(Genuflexão)

Nós Vos louvamos, Senhor Deus, a Vós que sois louvado pelos Céus e Vós de quem todas as potestades, serafins, querubins, arcanjos e anjos proclamam:

"Santo, Santo, Santo, Senhor dos Exércitos", por todos os séculos dos séculos. Assim seja.

(Genuflexão)

Meu Senhor Jesus, Vós que, derramando Vosso Santíssimo Sangue da Cruz, nos abristes o caminho do Céu, nós Vos rogamos a Vossa bênção. Compadecei-Vos de nós, Senhor. Suplicamos Vossa Clemência e que nunca desampareis os Vossos servos, que Vos imploram a Vossa Graça e a Vossa Proteção em suas tribulações.

Salve a Cruz Gloriosa, Santo Madeiro!

Diante de Vossa Cruz, nós Vos imploramos, Senhor Jesus, meu Deus e meu Redentor, que Vossa Misericórdia nos conceda a graça (mencionar o pedido). Pelas Vossas Cinco Chagas, pela Vossa Coroa de Espinhos, pelos cravos que feriram Vossos pés e mãos, atendei-nos, Senhor, e lavai os nossos pecados.

Bendita Cruz em que foi cravado Nosso Senhor Jesus Cristo, estendei sobre nós os Vossos braços protetores. Defendei-nos, Sagrado Lenho, das tentações demoníacas, Santa Cruz; nós viemos a Ti como ao nosso verdadeiro abrigo e fortaleza, nosso escudo e arma, nossa luz e salvação dos perigos, doenças, crimes e pecados.

(Genuflexão)

Meu Senhor Jesus Cristo, sede meu Mestre e meu amigo, concedei-me com o perdão dos meus pecados a graça de (repetir aqui o pedido). Aliviai nosso coração aflito, confortai nosso ânimo, iluminai nosso espírito e dai-nos coragem para evitarmos o pecado.

(Ajoelhar-se)

Eis o lenho da Cruz de que pendeu a Salvação do mundo.

Ágios ó Theós, Ágios Ichiros, Ágio Athánatos, Eleison Imás.

Louvado seja o Senhor

Para sempre seja louvado.

Assim seja.

Observações:

Esta grande oração da Cruz de Caravaca deve ser rezada diante de um crucifixo, com seis velas acesas, estando a pessoa que reza de pé, fazendo genuflexão, conforme está indicando; se houver outras pessoas presentes, estas devem estar ajoelhadas. Quanto à pessoa que reza, ela só se ajoelhará no fim, como está indicado.

Quando se tratar de uma graça pessoal ou particular, a oração deve ser rezada em voz baixa, e a pessoa rezará sem estar acompanhada. Pode ser recitada à meia-noite, mas será preferível rezar às 15 horas, hora em que Jesus expirou na Cruz.

(Rezar um Creio em Deus Pai, um Pai-Nosso e uma Ave-Maria.)

Saudação à Cruz (II)

Salve, Sagrada e milagrosa Cruz em que padeceu Nosso Salvador, Nosso Senhor Jesus Cristo, pelos nossos pecados.

Ajoelho-me aos Vossos pés, depois de longa jornada, a fim de adorar aquele que por nós se sacrificou.

Oração

Meu Deus e meu Senhor Jesus Cristo, lembrai-Vos de mim, agora e na hora de minha morte, e guardai-me para que meu corpo seja preservado de todos os perigos e males e minha alma seja defendida dos ataques do demônio.

Livrai-me, Senhor, dos crimes dos malvados, do ódio dos pecadores, das injúrias ao Vosso Santo Nome, das blasfêmias contra Vossa Misericórdia, das traições aos Vossos preceitos, do orgulho dos

Vossos inimigos, da irreverência dos incrédulos, de todas as faltas contra Vosso Amor.

Abri os nossos olhos, Senhor, para que vejamos o abismo em que tombam os pecadores. Inspirai-nos, Senhor Jesus, para que não desprezemos os pobres, os doentes, os enfermos, os anciãos, os órfãos, as viúvas, os perseguidos, pelas calúnias e as injustiças humanas.

Oração das Três Chaves de São Pedro

São Pedro, Príncipe dos Apóstolos, vosso nome era Simão, que Nosso Senhor Jesus Cristo mudou para Pedro, a fim de serdes a pedra sobre a qual o Senhor iria construir o templo da fé.

Mudando o vosso nome, o Senhor vos entregou as três chaves dos segredos e dos poderes, no Céu e na Terra, dizendo-vos: "O que desligares na Terra será desligado nos Céus".

São Pedro, Príncipe dos Apóstolos, a primeira chave é de ferro, abre e fecha as portas da existência terrena.

A segunda chave é de prata, abre e fecha as portas da sabedoria.

A terceira chave é de ouro, abre e fecha as portas da vida eterna.

Com a primeira, abris a entrada para a felicidade na Terra; com a segunda, abris a entrada para o pórtico da ciência espiritual; com a terceira, abris o Paraíso.

Fechai, glorioso apóstolo mártir, para mim, os caminhos do mal e abri os do bem. Desligai-me na Terra para que eu esteja desligado nos Céus.

Com a vossa chave de ferro, abri as portas que se fecharem diante de mim. Com a vossa chave de prata, iluminai meu espírito, para que eu veja o bem e me afaste do mal. Com a vossa chave de ouro, descerrai as entradas da corte celestial, quando ao Senhor for servido chamar-me.

"O que desligares na Terra será desligado nos Céus, o que ligares na Terra será ligado nos Céus."

Glorioso São Pedro, vós que sabeis de todos os segredos dos Céus e da Terra, ouvi meu apelo e atendei a prece que vos dirijo.

Assim seja!

Oração pela Sagrada Coroa de Espinhos

(Para obter uma graça especial)
Sinal da Cruz

Salve a Sagrada Coroa de Espinhos, que cingiu a Tua divina cabeça. Bom Jesus, cujos espinhos feriram a Tua Augusta Fronte, de onde escorreu o Sangue que lavou os pecados do mundo.

Sagrada Coroa, diadema de espinhos, Símbolo da realeza do Cristo, Salvador, Rei do Universo, humildemente vos contemplo, pensando no infinito poder de Deus, que vos transformou em símbolo da Sua Majestade Augusta e Eterna.

Diante de Vós, prostram-se os arcanjos e anjos, em adoração perpétua. Diante de vós, ajoelham-se os patriarcas, os profetas, os apóstolos, os mártires, as 110 mil virgens, todos os bem-aventurados e as almas dos fiéis que alcançaram a salvação.

Eu venero a Tua Sagrada Coroa de Espinhos e a Ti recorro, ó meu Jesus, animado da esperança de tornar-me digno das Tuas promessas, por todos os séculos dos séculos.

(Formular o pedido e rezar um Pai-Nosso e uma Ave-Maria.)

Oração à Chaga do Ombro de Jesus

Perguntando São Bernardo ao divino Redentor qual era a dor que sofrera maior e a mais desconhecida dos homens, Jesus lhe respondeu:

"Eu tinha uma chaga profundíssima no ombro sobre o qual carreguei minha pesada cruz; essa chaga era mais dolorosa que as outras. Os homens não fazem dela menção, porque não a conhecem. Honra, pois, essa chaga, e farei tudo o que por ela me pedires."

Oração

Ó Amantíssimo Jesus, manso cordeiro de Deus, apesar de ser eu uma criatura miserável e pecadora, Vos adoro e venero a chaga causada pelo peso de Vossa Cruz, que, dilacerando Vossas carnes, desnudou os ossos de Vossos ombros sagrados e da qual a Vossa Mãe dolorosa tanto se compadeceu. Também eu, ó aflitíssimo Jesus, me compadeço de Vós e do fundo do meu coração Vos louvo, glorifico-Vos e agradeço por esta chaga dolorosa de Vosso ombro, em que quisestes carregar Vossa cruz por minha salvação.

Ah! Pelos sofrimentos que padecestes e que aumentaram o enorme peso de Vossa cruz, rogo-Vos com muita humildade: tende piedade de mim, pobre criatura pecadora, perdoai os meus pecados e conduzi-me ao Céu, pelo caminho da Cruz.

(Rezam-se sete Ave-Marias e acrescenta-se: Minha Mãe Santíssima, imprimi em meu coração as chagas de Jesus Cristo Crucificado. Indulgência de 300 dias cada vez. Ó dulcíssimo Jesus, não sejais mau Juiz, mas meu Salvador. Indulgência de 100 dias cada vez.)

Oração a Nossa Senhora dos Remédios

Nossa Senhora dos Remédios, confiante em vosso poder, a vós, pedindo a vossa intercessão junto ao Altíssimo em meu favor, amparando-me em minhas dificuldades, em minhas aflições, em meus sofrimentos, dando-me o remédio às minhas doenças e aflições.

Confio em vós, Nossa Senhora dos Remédios. Tenho fé em vosso poder e, animado deste sentimento, peço-vos livrar-me deste perigo, curar-me esta dor, tirar-me desta dificuldade, dando-me energia, saúde e alegria.

Nossa Senhora dos Remédios, vós não desamparais aqueles que vos imploram, cheios de fé. Assim, espero que ouçais a minha prece e que, segundo o meu merecimento, estarei logo aliviado, protegido, defendido.

Olhai-me, piedosa Senhora dos Remédios, e tende compaixão de mim, cujos pecados levaram o vosso Amantíssimo Filho ao sofrimento e à morte no madeiro. Rogai-lhe, Nossa Senhora do Remédios, que me perdoe e me alcance as mercês que vos peço, humilde e animado de muita fé em vosso amor.

Assim seja.

(Rezar um Pai-Nosso, uma Ave-Maria e uma Salve-Rainha.)

Oração a Nossa Senhora de Guia

(Para abrir caminhos e obter boa orientação em negócios)

A corte celestial, perpetuamente, canta vossos louvores, ó rainha dos anjos e dos santos, soberana, clemente e misericordiosa.

Sois o refúgio dos pecadores, e por isso venho, contrito, pedir-vos vossa intercessão junto ao vosso Filho, Nosso Senhor Jesus Cristo, perdão para os meus pecados e a graça de evitar os maus caminhos, que levam à perdição.

Suplico-vos, Senhora, vosso auxílio, na existência; vossa proteção em minhas atividades; vosso amparo em meus negócios; o favor de me abrir os olhos, a inteligência, a fim de que compreenda onde está minha salvação, quais os recursos de que devo me servir, para não ser malsucedido.

Afastai de mim os inimigos, os desonestos, os homens sem fé e sem caridade. Concedei-me boa disposição de alma e de corpo, para que possa dirigir meus interesses, para que eu jamais recuse um auxílio aos que necessitam de pão e de socorro material ou espiritual.

Dai-me paciência, perseverança, destemor, diante dos obstáculos.

Assim seja.

Mãe Imaculada, rogai por nós.

Mãe Amável, rogai por nós.

Mãe Admirável, rogai por nós.

(Rezar um Pai-Nosso, uma Ave-Maria e um Santo Rosário.)

Oração a Nossa Senhora do Perpétuo Socorro

Ó mãe do Perpétuo Socorro, fazei que eu sempre possa invocar o vosso poderosíssimo nome, pois é a proteção de quem vive, a salvação de quem morre.

Ó puríssima e benigníssima Maria, seja doravante o vosso nome como a respiração de minha vida.

Ó minha amabilíssima Senhora, não tardeis em vir em meu auxílio todas as vezes que eu vos chamar.

Eu não cessarei de vos pedir, em todas as tentações que me assaltarem, o vosso socorro; em todas as necessidade em que me achar, vos invocarei, repetindo a cada instante: "Maria, Maria! Que doçura, que confiança, que ternura não desperta na minha alma o vosso nome e só o pensar em vós! Rendo graças ao Senhor, que vos deu, para maior bem, um nome cheio de delícias. Não me limitarei a pronunciar este querido nome; quero ainda, por ele, constantemente invocar-vos, ó Mãe do Perpétuo Socorro.

Assim seja.

Oração a Santa Edwiges

(Protetora dos endividados)

Senhor meu Deus Todo-Poderoso, Criador do Céu e da Terra, Vós que tudo regulais com justiça e misericórdia, aceitai a prece que, humildemente, vos dirijo por intermédio de Santa Edwiges, Vossa serva, que tanto Vos amou, na Terra e que usufrui a graça de contemplar Vossa divina face.

Santa Edwiges, que pelos vossos merecimentos, pelas vossas virtudes e pela ardorosa fé em Nosso Senhor Jesus Cristo fostes por Deus constituída protetora dos pobres e endividados, dos que sofrem aflições pela carência de recursos, vinde em meu auxílio.

Levai à presença do Filho de Deus, Nosso Senhor Jesus Cristo, o apelo que vos faço.

Vinde em meu socorro, Santa Edwiges, atendei à minha súplica, dispensai a este vosso humilde devoto a vossa proteção, proporcionando-me os meios de vencer esta crise, de obter os recursos suficientes para atender os meus credores, a fim de pagar o que devo a (dizer o nome da pessoa), de modo que a paz e a tranquilidade desçam ao meu espírito.

Confiando em vossos méritos, em vossa caridade, peço, Santa Edwiges, lançardes vossa bondosa complacência sobre mim.

Assim seja.

Santa Edwiges, protetora dos pobres, rogai por nós.

Santa Edwiges, protetora dos endividados, rogai por nós.

Santa Edwiges, rogai por nós.

(Rezar um Pai-Nosso e uma Ave-Maria.)

Prece ao Espírito Santo

Espírito Santo, Tu que me esclareces tudo, que iluminas todos os caminhos para que eu atinja o meu ideal. Tu que dás o dom divino de perdoar e esquecer o mal que me fazem; e que em todos os instantes de minha vida estás comigo, eu quero, neste curto diálogo, agradecer-Te por tudo e confirmar mais uma vez que não quero jamais me esquecer e separar de Ti. Por maior que seja a ilusão material, não será o mínimo da vontade que sinto de um dia estar contigo e com todos os meus irmão na Glória perpétua. Obrigado mais uma vez.

(A pessoa deverá fazer esta oração três dias seguidos, sem fazer o pedido. Dentro de três dias será alcançada a graça, por mais difícil que seja.)

Novena Poderosa ao Menino Jesus de Praga

Ó Jesus que dissestes: "Peça e receberá. Procure e achará. Bata e a porta se abrirá". Por intermédio de Maria, Vossa Sagrada Mãe, eu bato, procuro e Vos rogo que minha prece seja atendida (menciona-se o pedido).

Ó Jesus que dissestes: "Tudo o que pedir ao Pai, em seu nome, Ele atenderá". Por intermédio de Maria, Vossa Sagrada Mãe, humildemente rogo ao Vosso Pai, em Vosso nome, que minha oração seja ouvida (menciona-se o pedido).

Ó Jesus que dissestes: "O Céu e a Terra passarão, mas a minha palavra não passará", por intermédio de Maria, Vossa Sagrada Mãe, eu confio que minha oração seja ouvida (menciona-se o pedido).

(Rezar um Pai-Nosso, três Ave-Marias e uma Salve-Rainha.)

Observação: Em casos urgentes, esta novena poderá ser feita de nove em nove horas.

Prece a Bezerra de Menezes

(Para a cura de doenças e enfermidades)

Nós Te rogamos, Pai de Infinita Bondade e Justiça, as graças de Jesus Cristo, por meio de Bezerra de Menezes e suas legiões de companheiros. Que eles nos assistiam, Senhor, consolando os aflitos, curando aqueles que se tornem merecedores, confortando aqueles que tiverem suas provas e expiações a passar, esclarecendo aos que desejarem conhecer a Verdade e assistindo todos quantos apelam ao Teu Infinito Amor.

Jesus, Divino Portador da Graça e da Verdade, estende Tuas mãos dadivosas em socorro daqueles que Te reconhecem o Despenseiro Fiel e Prudente; faze-o, Divino mestre, por meio de Tuas legiões consoladoras, de Teus santos espíritos, a fim de que a Fé se eleve, a Esperança aumente, a Bondade se expanda e o Amor triunfe sobre todas as coisas.

Bezerra de Menezes, apóstolo do Bem e da Paz, amigo dos humildes e dos enfermos, movimenta as tuas falanges amigas em benefício daqueles que sofrem, sejam males físicos ou espirituais. Santos espíritos, dignos obreiros do Senhor, derramai as graças e as curas sobre a humanidade sofredora, a fim de que as criaturas se tornem amigas da paz e do conhecimento, da harmonia e do perdão, semeando pelo mundo os divinos exemplos de Jesus Cristo.

Prece da Porta da Casa

(Deve ser feita exclusivamente por mulheres, à porta da casa, após o marido ou companheiro haver saído para o trabalho ou para resolver algum negócio.)

Deus, guardei este lar e as pessoas que nele residem: (dizer o nome das pessoas que moram na casa).

Que seja abençoado o meu lar e entre em minha casa o Senhor Jesus e nos dê a sua Santíssima paz: o Senhor abençoe os habitantes desta minha casa, desligue e derrame a minha vida; se houver algum mal feito com vestimentas deixadas por almas vindas do cemitério, tudo o Senhor tire e desmanche, e dê sorte para os meus negócios.

Jesus vivo, defendei-nos do mau-olhado, da inveja, da malícia ou dos feitiços encontrados e, se houver algum objeto com terra de sepultura, ossos de criaturas mortas ou seus vestuários, ou ainda, algum objeto de gaze, azeite ou sal derramado dentro de minha casa, tudo o Senhor tire e desmanche seus efeitos maléficos.

Jesus, defendei-nos de todas as artes diabólicas feitas pelo demônio e seus servos, homens ou mulheres que tratam de atrasar ou dificultar nossa vida. Assim, nós Vos pedimos também que com o Vosso santíssimo nome nos defendais dos espíritos maus.

Amém, Maria, José.

Prece do Sr. Zé Pilintra

Salve, Deus, Criador de todo o Universo.

Salve, Oxalá, força divina do amor, exemplo vivo da abnegação e do carinho.

Bendito seja o Senhor do Bonfim.

Bendita seja a Imaculada Conceição.

Salve, Zé Pilintra, o sentimento suave que se chama misericórdia. Dai-nos o bom conselho.

Dai-nos a proteção, quando puderdes. Dai-nos o apoio, a instrução espiritual de que necessitamos para darmos aos nossos inimigos o amor e a misericórdia, que lhes devemos por amor de Nosso Senhor Jesus Cristo, para que todos os homens sejam felizes na Terra e possam viver sem amarguras, sem lágrimas e sem ódios.

Tomai-nos, Zé Pilintra, sob a vossa proteção; desviai de nós os espíritos atrasados e obsessores, enviados pelos nossos inimigos encarnados e desencarnados e pelo poder das trevas.

Iluminai nosso espírito, nossa alma, nossa inteligência e nosso coração, abrasando-nos nas chamas de Vosso amor por nosso Pai Oxalá.

Valei-nos, Zé Pilintra, nesta necessidade, concedendo-nos a graça de vosso auxílio junto a Nosso Senhor Jesus Cristo, em favor deste pedido que fazemos agora (faz-se o pedido).

E que Deus Nosso Senhor, em sua infinita misericórdia, vos cubra de bênçãos e aumente a vossa luz e a vossa força, para que mais e mais possais espalhar sobre a Terra a caridade e o amor de Nosso Senhor Jesus Cristo.

Benzimento e Prece

(Contra eczemas, cobreiros, erisipelas e infecções na pele)

Pega-se um galho de pimenteira-brava e, agitando-o no ar sobre as partes afetadas, benze-se o doente (ou a si mesmo) recitando a seguinte prece:

"Tudo no Universo é energia, força e vibração. Mas só Deus é poder. E pela harmonia de Sua inteligência e sábias leis, que tudo preveem e proveem, benzo-me (ou a este irmão) com este vegetal tóxico, a fim de que por meio de seus impactos magnéticos e vigorosos se desintegrem os fluidos virulentos que alimentam os germes infecciosos da moléstia para a qual é dirigido. Pela fé que possuo em Deus, pela confiança que deposito nos mentores espirituais, pela crença que alimento nos guias e protetores, tenho certeza de que hei de conseguir a cura tão logo seque este galho com o qual chicoteio os vírus etéricos causadores da doença, jogando-lhes fluidos dispersivos para que a contraparte imaterial se dissolva e assim fique livre deste mal inconveniente e doloroso."

(A seguir, enterra-se ou se manda enterrar o galho de pimenta-brava. À medida que ele for secando, a doença também irá sarando. Esse Benzimento é de excelente eficácia; somente ao realizá-lo se verá o efeito curativo, assemelhando-se a um milagre.)

Oração das 13 Almas

Ó minhas 13 Almas benditas, sabidas e entendidas, a vós peço, pelo amor de Deus, atendei o meu pedido.

Minhas 13 Almas benditas, sabidas e entendidas, a vós peço, pelo sangue que Jesus derramou, atendei o meu pedido. Pelas gotas de suor que Jesus derramou do seu sagrado corpo, atendei o meu pedido. Meu Senhor Jesus Cristo, que a Vossa proteção me cubra, Vossos braços me guardem no Vosso coração, e me protegei com os Vossos olhos.

Ó Deus de bondade, Vós sois meu advogado na vida e na morte. Peço-vos que atendais aos meus pedidos, que me livreis dos males e me deis sorte na vida. Segui meus inimigos, que os olhos do mal não me vejam, cortai as forças dos meus inimigos.

Minhas 13 Almas benditas, sabidas e entendidas, se me fizeram alcançar esta graça, ficarei devota de vós e prometo fazer (faz-se uma promessa qualquer: acender vela, rezar missa, orar sempre, dar esmola aos pobres, etc.).

Observação: em caso de extrema importância, reza-se durante 13 dias, recitanto também um Pai-Nosso e uma Ave-Maria, em cada vez.

Pai-Nosso Espírita

Pai-Nosso que estais em toda parte, santificado seja o Vosso Nome, venha a nós o Vosso reino, o reino do bem; seja feita a Vossa vontade na Terra, no espaço, como em todos os mundos habitados. Dai-nos, Senhor, o pão do corpo e da alma. Perdoai as nossas ofensas como de todo coração tentamos perdoar aos que nos tenham ofendido. Não nos deixeis, Senhor, sucumbir às tentações dos maus espíritos, mas enviai-nos os bons para nos esclarecer.

Amo-Vos, ó meu Deus, de todo coração, de toda a minha alma.

E quero amar a todos os homens que pelo Vosso amor são todos meus irmãos; ó meu Deus, meu Pai, meu Senhor! Eu Vos ofereço esta prece, por todos os nossos amigos e inimigos, por todas as almas que sofrem, encarnadas ou desencarnadas. Eu Vos suplico, meu Pai, piedade, misericórdia, perdão, luz, paz e amor para todos eles e para todos nós.

Amparai-nos, Senhor, guiai-nos e protegei-nos em nosso progresso espiritual.

Oração a Joana d'Arc

Ó Santa guerreira, que trabalhas tanto como líder de uma legião da linha de Oxalá, como chefe de falange de linha de Ogum, dada a correspondência vibratória de tua merecida santificação e a tendência lutadora que tu desenvolves contra as correspondentes do Mal. Orienta-me no sentido de que eu possa reunir forças para solucionar os problemas aflitivos atormentadores do meu espírito e da matéria que envolve. Guia-me na vitória sobre as demandas que porventura sejam intentadas contra mim.

Ó lutadora justiceira de nossos direitos, evita as injustiças e as calúnias que, acaso, me sejam feitas. Pugnadora amorosa, livra-me das lutas fratricidas e das decepções oriundas do amor interesseiro. Guerreira espiritual, afasta de mim os efeitos perniciosos da magia negra, da inveja, do ciúme, do mau-olhado e do interesse egoísta. Combatente humilde das causas salutares, defendei-me das doenças e dos males do corpo e da mente. Libertadora excelsa de nossos pecados, liberta-me da ignorância do pecado. Protetora da virtude, protegei-me do escândalo e dos vícios deprimentes. Defensora perpétua do amor, ajuda-me a vencer o ódio, a maledicência, o cinismo e a vaidade de irmãos inferiores que transitam no mundo de sombras, de ignorância espiritual.

Tu que foste a Redentora da França, lutando como autêntico general no campo de lutas sangrentas, movida por motivos justos e divinos, inspirada pelos mentores espirituais, encarnando a valentia e a coragem de Ogum, a Justiça de

Xangô, exemplo santificado de Oxalá, a lealdade incondicional dos cabelos de Oxóssi, a pureza e a fecundidade de Iemanjá, a inocência das crianças de Iore e a simplicidade dos Pretos-Velhos de Iorima, e demonstrando humildade em tua encarnação como camponesa analfabeta e pobre, vela pela minha tranquilidade, para que eu tenha paciência, tolerância e resignação ante as adversidades da vida, nas lutas diárias que sustento rumo às altas camadas da eterna espiritualidade.